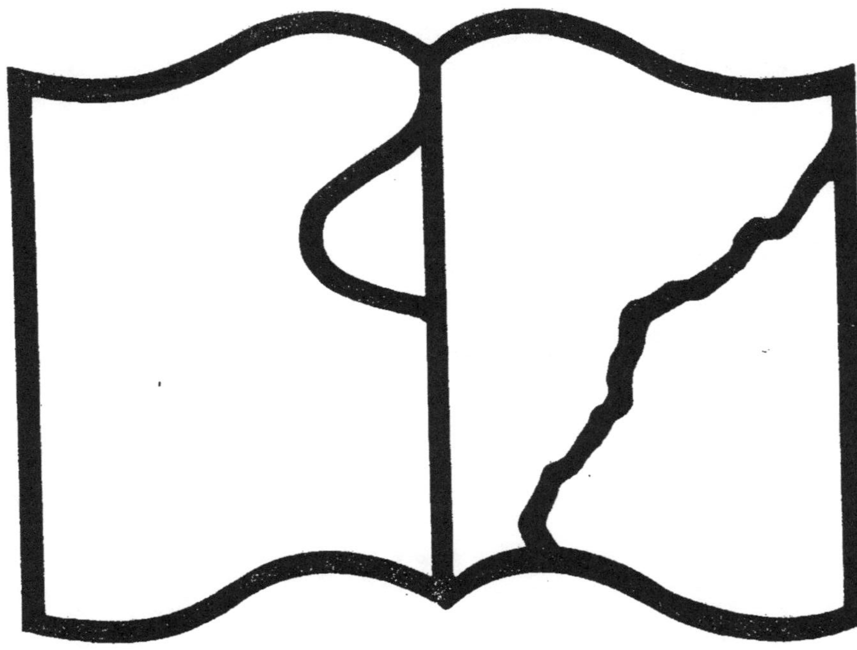

Texte détérioré — reliure défectueuse

NF Z 43-120-11

Monseigneur TURINAZ

ÉVÊQUE DE NANCY ET DE TOUL

# LES PÉRILS DE LA FOI ET DE LA DISCIPLINE DANS L'ÉGLISE DE FRANCE A L'HEURE PRÉSENTE

TROISIÈME MILLE

NANCY
ÉTIENNE DRIOTON
LIBRAIRE DE L'ÉVÊCHÉ
12, Faubourg Stanislas, 12

PARIS
ROGER & CHERNOVIZ
LIBRAIRES-ÉDITEURS
7, Rue des Grands-Augustins, 7

1902

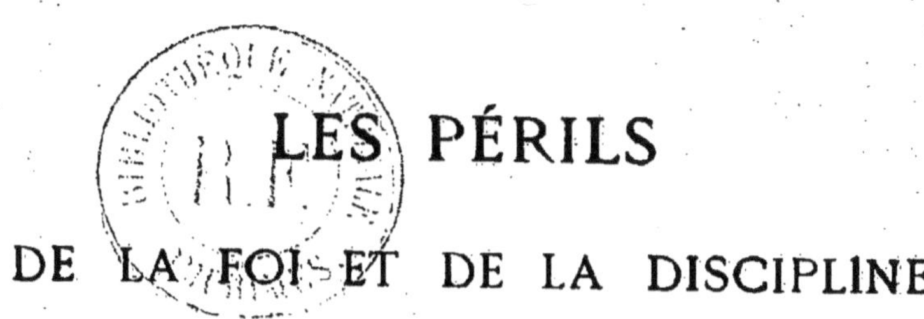

# LES PÉRILS

## DE LA FOI ET DE LA DISCIPLINE

### DANS L'ÉGLISE DE FRANCE

### A L'HEURE PRÉSENTE

Monseigneur TURINAZ

ÉVÊQUE DE NANCY ET DE TOUL

# LES PÉRILS

## DE LA FOI ET DE LA DISCIPLINE

## DANS L'ÉGLISE DE FRANCE

## A L'HEURE PRÉSENTE

CINQUIÈME MILLE

NANCY
ÉTIENNE DRIOTON
LIBRAIRE DE L'ÉVÊCHÉ
12, Faubourg Stanislas, 12

PARIS
ROGER & CHERNOVIZ
LIBRAIRES-ÉDITEURS
7, Rue des Grands-Augustins, 7

1902

# LES PÉRILS
## DE LA FOI ET DE LA DISCIPLINE
### DANS L'ÉGLISE DE FRANCE
### A L'HEURE PRÉSENTE



---

Il sera sans doute permis à un évêque de France, qui porte depuis vingt-neuf ans le redoutable fardeau de l'épiscopat, d'ouvrir son âme à ses vénérables collègues, au clergé et même aux catholiques que nous devons avertir et éclairer, et de dire ses craintes et ses angoisses.

J'ai la conviction profonde que les plus grands périls de l'Eglise de France, à cette heure, ne viennent pas du dehors. Ils ne viennent pas des épreuves que nous font subir et que nous feront subir encore les ennemis de Dieu, quelque graves et douloureuses qu'elles puissent être. L'Eglise de France a subi des épreuves aussi cruelles et elle en a triomphé.

Nos plus grands périls viennent de doctrines fausses ou dangereuses qui atteignent indirectement ou directement la foi elle-même, de tentatives qui ont pour résultat de rompre les liens de la discipline, de semer dans le clergé la division et la révolte, de transformer d'une façon déplorable l'esprit et l'éducation des séminaristes et des jeunes prêtres.

Si la lumière du monde se voile et disparaît, si le sel de la terre est affadi et foulé aux pieds, qui guidera et sanctifiera les peuples ? Si le clergé divisé abandonne ses chefs, comment résistera-t-il aux terribles assauts des ennemis de l'Eglise ? Si les colonnes du temple sont ébranlées, pourra-t-il rester debout sous la tempête ? Si la foi se trouble et s'éteint dans les âmes sacerdotales, pourra-t-elle être victorieuse et conquérante ? *Hæc est victoria quæ vincit mundum fides nostra* (1).

Personne n'a plus d'estime que moi pour le clergé français, pour ses brillantes qualités, ses vertus, son activité, son zèle, ses grandes œuvres et ses glorieuses traditions. C'est pourquoi je voudrais que les évêques de France unissent leurs efforts à ceux de Léon XIII pour arrêter ce clergé sur des pentes fatales (2).

Si un schisme est à craindre, il aura son principe, son appui et ses ressources dans les erreurs, les tentatives et les innovations que je combats. Les déclarations et les faits que je citerai dans la dernière partie de cette démonstration sous ce titre : *Les apostats*, mettront cette affirmation dans la plus éclatante lumière.

Je déclare devant Dieu que j'aurais préféré mille fois

(1) Joann., V, 4.

(2) Relire la Lettre encyclique du 8 septembre 1899 de Léon XIII au archevêques, évêques et au clergé de France.

garder le silence. Je parle parce qu'aucune autre voix ne se fait entendre. Je ne veux pas porter devant les hommes et surtout devant Dieu la responsabilité des désastres que je prévois.

J'ai pu suivre dès le début et dans tous ses détails et avec la plus grande attention ce courant auquel il faut s'opposer à tout prix.

Je n'obéis ni à des préjugés, ni à un parti pris, ni à aucun sentiment de malveillance à l'égard des personnes. Presque tous les auteurs des textes que je citerai me sont personnellement inconnus. Je n'ai aucun motif de leur faire quelque peine, je voudrais pouvoir leur être agréable et utile ; mais je dois apporter des preuves exactes et précises à l'appui de ma démonstration. Je ne formulerai aucune affirmation sans la justifier par des documents indiscutables. A chaque erreur, à chaque tentative que je combats, j'opposerai l'enseignement de l'Eglise et surtout les enseignements de Léon XIII, en particulier dans son admirable Lettre aux archevêques, évêques et au clergé de France.

Je sais que je vais soulever contre moi des attaques, des accusations et des injures ; mais les attaques, les accusations et les injures n'ont jamais été des raisons. Elles honorent quelquefois ceux qui en sont l'objet, elles ne peuvent justifier ceux qui en sont les auteurs. J'obéis à ma conscience, j'ai la conviction absolue que j'accomplis un grand devoir de ma charge épiscopale. Avec la grâce de Dieu, l'intérêt ou la crainte ne m'ont jamais fait reculer devant l'accomplissement d'un devoir : je ne commencerai pas aujourd'hui.

Je donne à cette étude la forme didactique d'un exposé et d'une démonstration.

## I

### L'AMÉRICANISME

Je n'ai pas à rappeler ce qu'est l'Américanisme et la condamnation solennelle qui l'a frappé ; mais l'Américanisme est-il mort ? Je ne le pense pas ; je crois que la plupart de ses doctrines restent dans beaucoup d'intelligences et que leur influence se fera sentir longtemps encore.

Le mot d'ordre donné aussitôt après la condamnation portée par Léon XIII était que l'Américanisme n'a jamais existé, qu'il est une invention des ennemis des démocrates chrétiens. D'où il faut conclure que le Pape a manqué de clairvoyance, de droiture et de justice. C'était la thèse de M. Fonsegrive. Il suffisait d'un peu de réflexion et du souvenir de la résistance opposée par les principales hérésies du passé aux sentences de l'Eglise, pour reconnaître qu'il y avait là tout un système destiné à maintenir ces doctrines et l'influence de leurs apôtres, tout en paraissant s'incliner devant l'autorité pontificale. C'est pourquoi je n'ai pas hésité à condamner, par un acte public, l'article de M. Fonsegrive, publié dans la *Quinzaine*.

Je causais, il y a environ une année, avec un prêtre ayant, par sa situation, une influence considérable sur le clergé. Nous n'étions pas d'accord, et il protestait vivement contre les reproches que je lui adressais. Tout à coup il me dit avec indignation : « l'Américanisme n'a jamais existé que dans les articles de la *Vérité* et le livre de l'abbé Maignen ». Je lui répondis que cette déclaration me suffisait, qu'elle justifiait tous mes reproches, qu'il était un révolté et qu'il outrageait l'autorité et la personne de Léon XIII.

Des preuves irrécusables me démontrent qu'aujourd'hui encore cette opinion est répandue un peu partout et qu'elle est acceptée par un grand nombre.

M. Sabatier, doyen de la Faculté de théologie protestante de Paris, écrivait, le 20 octobre 1898, au *Journal de Genève* :

« L'éloge des vertus *actives* en opposition aux vertus *passives* de l'ancienne piété, les réclamations en faveur de l'initiative individuelle, l'action immanente du Saint-Esprit dans l'âme chrétienne ne sont que des influences persistantes du protestantisme. Le Père Hecker était un converti, mais il avait évidemment gardé de sa première éducation des habitudes mentales et des principes de vie qui ont agi comme un ferment dans sa piété catholique. »

M. Sabatier louait l'ex-abbé Charbonnel d'avoir affirmé que l'Américanisme est un *néo-protestantisme*. Il déclarait que « si cet esprit de liberté et d'individualisme l'emportait, il ferait éclater en pièces le joug de la discipline uniforme et absolue de l'Eglise ».

Toutes ces tendances, ce mépris des vertus appelées passives, qui sont tout d'abord l'humilité et la soumission à l'autorité, la mise en pratique de l'initiative personnelle en dehors de la direction et de la hiérarchie ecclésiastiques, cet esprit de liberté et d'individualisme, je les retrouverai à toutes les pages de cette démonstration. Elles sont pour la foi du clergé lui-même un redoutable danger. A la fin de cette étude, nous constaterons l'influence néfaste de ces principes protestants, dans les déclarations des prêtres qui sortent de l'Eglise catholique pour aller au protestantisme (1).

## II

### LA PHILOSOPHIE

Il est inutile de rappeler les éloges décernés si souvent par Léon XIII et, avant lui, par tant de Souverains Pontifes, à la philosophie scolastique et surtout à l'admirable philosophie de saint Thomas d'Aquin. Il suffit de rappeler l'Encyclique *Æterni Patris* et la *Lettre aux archevêques, évêques et au clergé de France*. Or, cette théologie est traitée par les novateurs avec dédain. Quelques-uns affirment que la philosophie ne peut avoir de lien durable et nécessaire avec les dogmes et servir

(1) Voir plus loin § X. *Les Apostats*.

à l'apologétique chrétienne. M. l'abbé Jules Martin a exposé des idées philosophiques absolument inexactes sur des questions de la plus haute importance, dans un livre intitulé : *La démonstration philosophique*. Il avait retiré ce livre du commerce en présence des critiques qu'il avait soulevées. Mais les *Annales de philosophie chrétienne* ont annoncé qu'il venait de reproduire, dans un ouvrage « magistral » sur saint Augustin, « ce qu'il avait paru désavouer pour éviter des ennuis ».

Le grand danger est dans l'influence de la philosophie kantiste qui s'efforce de pénétrer partout et que nous allons retrouver dans la théologie, dans l'apologétique nouvelle et jusque dans les notions essentielles de la foi. Elle fait pénétrer partout ses ténèbres et ses contradictions, elle pervertit jusqu'à la langue française, si précise et si claire. Il est des définitions que je citerai plus tard, il est des thèses entières de philosophie que leurs auteurs sont certainement incapables de comprendre. Il faut reproduire ici les graves enseignements de Léon XIII dans sa Lettre au Clergé français.

« Nous le disions dans notre Encyclique *Æterni Patris*, dont nous recommandons de nouveau la lecture attentive à vos séminaristes et à leurs maîtres, et Nous le disions en Nous appuyant sur l'autorité de saint Paul : « C'est par les vaines subtilités de la mauvaise philosophie, *per philosophiam et inanem fallaciam* », que l'esprit des fidèles se laisse le plus souvent tromper et que la pureté de la foi se corrompt parmi les hommes......

« Nous réprouvons de nouveau ces doctrines qui n'ont de la vraie philosophie que le nom, et qui, *ébranlant la base même du savoir humain, conduisent logiquement au scepticisme universel et à l'irréligion.* Ce nous est une profonde douleur d'apprendre que, depuis quelques années, des *catholiques ont cru pouvoir se mettre à la remorque d'une philosophie* qui, sous le spécieux prétexte d'affranchir la raison humaine de toute idée préconçue et de toute illusion, lui dénie le droit de rien affirmer au-delà de ses propres opérations, sacrifiant ainsi à un subjectivisme radical toutes les certitudes que la métaphysique traditionnelle, consacrée par l'autorité des plus vigoureux esprits, donnait comme nécessaires et inébranlables fondements à la démonstration de l'existence de Dieu, de la spiritualité et de l'immortalité de l'âme, et de la réalité objective du monde extérieur. Il est profondément regrettable que ce scepticisme doctrinal, d'importation étrangère et d'origine protestante, ait pu être accueilli *avec tant de faveur dans un pays justement célèbre par son amour pour la clarté des idées et pour celle du langage.* Nous savons, Vénérables Frères, à quel point vous partagez là-dessus nos justes préoccupations, et Nous comptons que vous *redoublerez de sollicitude et de vigilance pour écarter de l'enseignement de vos séminaires cette fallacieuse et dangereuse philosophie,* mettant plus que jamais en honneur les méthodes que Nous recommandions dans Notre Encyclique du 4 août 1879. »

Pour ne pas prolonger cette démonstration que complèteront d'ailleurs, sur d'autres sujets, les preuves que je donnerai bientôt, je signalerai seulement les affirmations suivantes de M. l'abbé Jules Martin, dans son livre que j'ai déjà cité et qui résume exactement la pensée et l'état d'âme de ceux qui se sont appelés, parmi les catholiques et parmi le clergé, « les intellectuels ».

« On ne gagne rien à répéter contre les rationalistes que le christianisme ce sont des faits, ou encore que le christianisme a une base historique. On crée ainsi des métaphores ; on se console peut-être, mais certainement on s'abuse. »

C'est que, selon M. l'abbé Jules Martin, le mot même de *preuve* résume en lui toutes les illusions.

« La raison, s'il s'agit de la raison de tout le monde, ce n'est guère qu'un sentiment confus du vrai ; mais s'il s'agit de la raison des philosophes et de ceux qui parmi eux ont eu le génie créateur, la raison est alors la force individuelle qui pense une doctrine déterminée et *qui ne peut penser comme vraie que cette doctrine.* »

Le dernier chapitre du livre de M. l'abbé Martin est consacré à dissiper une triple illusion ! l'illusion de M. de Bonald, qui croyait facile, « une fois les vérités universelles admises », de produire ou de modifier les convictions d'autrui, — la croyance à une preuve universelle efficace à l'égard de tous, et enfin, l'illusion sur l'efficacité des réfutations.

Ces étranges doctrines ne sont-elles pas la négation de toute démonstration, de toute certitude, la négation de la philosophie, de la raison et de la foi ?

## III

### LA THÉOLOGIE.

Outre le péril évident de l'influence de pareilles doctrines, la théologie subit à cette heure d'autres périls que je voudrais signaler le plus rapidement possible.

Je le dirai plus tard, mais je veux l'indiquer dès ce moment, nous acceptons, hélas ! trop souvent, dans les questions les plus hautes et les plus graves, la domination d'engouements irréfléchis. On vante beaucoup, depuis quelques années et de plus en plus, la théologie positive. On dirait vraiment qu'elle doit remplacer bientôt partout la théologie scolastique. La théologie positive est nécessaire et elle n'est certes pas complètement délaissée de nos jours. Mais la théologie scolastique est nécessaire aussi : Léon XIII ne cesse de le répéter et il insiste partout sur ses très grands avantages.

D'ailleurs, la théologie positive et la théologie scolastique ne sont point deux théologies distinctes, mais deux parties, ou, comme dit Léon XIII, deux formes de la même science. De grands théologiens ont démontré, en s'appuyant sur les notions essentielles de la théologie scolastique et sur les éloges des Souverains Pontifes, que celle-ci est surtout, à un degré absolument supérieur, la vraie science. Dans nos Universités et dans nos Séminaires, la théologie positive est enseignée, puisqu'on invoque à chaque instant les Saintes Ecritures, la

Tradition et tous ses monuments, puisque la Patrologie, l'Histoire, les Saintes Ecritures sont l'objet d'un enseignement bien supérieur à ce qu'il était autrefois. Mais il faut aussi analyser les vérités de la foi, les définir et les résumer en des formules scientifiques, montrer les relations des vérités et des traités, les relations des traités entre eux, les relations des dogmes chrétiens avec les données de la raison et les affirmations des sciences naturelles ; il faut insister plus que jamais sur les raisons théologiques. Il faut enfin former les intelligences à la précision et à la clarté, à une argumentation qui ne laisse aucune issue à l'adversaire. Tel est le rôle de la théologie scolastique.

N'y a-t-il pas dans cet engouement à l'égard de la théologie positive une tendance à favoriser le système du développement ou plutôt de l'évolution du dogme, « pour adapter la pensée catholique à la pensée moderne »?

Les partisans de cette évolution arrivent aux affirmations les plus erronées, les plus dangereuses pour la foi. M. l'abbé Loisy, dont l'autorité reste très grande sur un bon nombre de jeunes prêtres, a traité ce sujet sous ce titre : « Le développement chrétien », dans la *Revue du clergé français* de décembre 1898. « Ici bas, vivre c'est changer, dit M. Loisy, et ce qui est devenu parfait ne l'a été qu'après bien des transformations. Telle est la loi de tout développement réel dans l'humanité : telle est aussi la loi du développement religieux.

« La conservation des dogmes *in eodem sensu eademque sententia* exclut du développement doctrinal la contradiction, la substitution d'un sens à un autre sous la même formule, mais non pas l'interprétation d'une vérité traditionnelle *par le moyen de notions connaturelles*, s'il est permis de s'exprimer ainsi, *à la première expression de ces vérités*. Qu'est-ce que la théologie chrétienne, depuis la fin du premier siècle, sinon un effort constant et toujours renouvelé pour établir une sorte d'équation ou de perpétuelle correspondance entre l'*interprétation des dogmes révélés* et le progrès intellectuel de l'humanité ?

« Il est aisé de comprendre que le christianisme devait avoir un développement... parce que c'était une religion universelle qui ne pouvait manquer de se transformer, de s'enrichir et de s'agrandir par l'effet de ses relations avec le monde où elle était appelée à vivre ; parce qu'il était impossible, même sur les points de doctrine les plus importants, de s'en tenir à la lettre de l'Ecriture sans tomber dans un vain culte de formules ;... parce que la révélation accuse dans l'Écriture même un développement progressif et qu'on ne voit pas pourquoi le développement s'arrêterait court à la mort du dernier apôtre ; parce que l'idée d'une doctrine absolument parfaite dès le début et qui n'aurait rien à gagner par les recherches, les applications, les expériences postérieures est inconcevable et absurde.....

« Le pouvoir d'assimilation... assure à l'Eglise, en forme de développement légitime, *ce que l'hérésie avait réalisé d'abord de façon incomplète et irrégulière* ; ainsi voit-on les montanistes préluder à l'ascétisme religieux, les gnostiques à la théologie chrétienne, les sabelliens à la conception trinitaire de saint Augustin.....

« La théologie est l'élaboration diligente et patiente d'une doctrine unique au moyen de matériaux très variés et le culte catholique représente la sanctification par le christianisme de rites qui autrement seraient sans valeur et dont plusieurs ont pu exister dans d'autres religions.

« Le christianisme est en un sens très vrai un développement du judaïsme postexilien, lequel est un développement de la religion des prophètes, laquelle est un développement du Jahvéisme mosaïque, lequel est un développement de la religion patriarcale laquelle a son point de départ dans la notion d'humanité préhistorique. »

De telles doctrines ne sont pas seulement répandues dans tout le clergé, elles pénètrent partout. Le *Sillon*, revue des jeunes catholiques, après avoir loué, dans le numéro du 5 mai 1899, ces doctrines de M. l'abbé Loisy, ajoutait : « Nous pouvons peut être aller encore plus loin ». La *Vie catholique* publiait, le 21 octobre 1900, un article enthousiaste sur M. l'abbé Loisy ; elle le saluait avec admiration, comme étant, « à l'heure actuelle, le plus grand exégète du catholicisme, le plus courageux et cependant le plus soumis à l'autorité de celui qui a écrit l'Encyclique *Providentissimus*

*Deus* ». A ces exagérations étranges et à ces contradictions on reconnaîtra facilement l'auteur de ce dithyrambe.

Pour montrer une fois de plus la funeste influence de la philosophie de Kant sur toutes les erreurs que je signale et en particulier sur ce système de l'évolution de la foi, je citerai encore ces paroles d'un article des *Annales de philosophie chrétienne* de décembre 1901 et dans lequel il y aurait un très grand nombre d'affirmations à dénoncer et à combattre :

« Depuis Kant, nous concevons la vérité sur le plan d'une certitude *relative quant à nous, absolue quant à la réalité* ; quiconque comprend bien ce fait comprend du même coup les *droits de la critique* dans tous les ordres de l'activité humaine. L'*histoire*, l'*exégèse et la religion* sont soumises *plus que toute autre* manifestation à cette loi, puisqu'elles impliquent toujours le jeu des puissances humaines, leurs développements, leurs progressions ; la religion, l'histoire, l'exégèse ne sont affirmées que dans le milieu humain ; elles participent donc aux conditions de son épanouissement. » (1).

Faut-il mettre en face de ces lamentables erreurs la doctrine catholique exposée par les grands théologiens sur le progrès du dogme ou de la foi, doctrine déjà formulée avec tant de précision et d'éloquence par saint Vincent de Lérins dans son *Commonitorium* et qu'Albert le Grand a résumée admirablement dans cette

(1) P. 344.

courte formule : « c'est plutôt le progrès du fidèle dans la foi que le progrès de la foi dans le fidèle » (1) ?

J'avoue humblement que je trouve obscures certaines dissertations sur *la vie du dogme*, sur *la dépendance de la théologie à l'égard des autres sciences et de la critique contemporaine.* Je ne comprends pas : c'est sans doute ma faute. Je dois cependant ajouter que, sur cette question et sur les autres, je comprends les grands théologiens. Cette obscurité tiendrait-elle à l'obscurité même de la doctrine ou à certaines réserves qu'impose encore la prudence ? (2)

Je me demande si les mêmes idées n'ont pas une influence sur l'importance que l'on attribue à l'histoire du dogme catholique. Que l'histoire du dogme entendue dans un sens vraiment catholique ait une grande utilité

(1) III Distinct. 25, art. I, ad 3um.

(2) « Pour appuyer de telles erreurs, dit Léon XIII, grâce auxquelles ils croient pouvoir anéantir la sainte vérité de l'Écriture, ils (nos adversaires) invoquent les décisions d'une nouvelle *science libre ;* ces décisions sont, d'ailleurs, si incertaines, aux yeux mêmes des rationalistes, qu'ils varient et se contredisent souvent sur les mêmes points.

« Et tandis que ces hommes jugent et parlent d'une façon si impie au sujet de Dieu, du Christ, de l'Évangile et du reste des Écritures, il n'en manque pas parmi eux qui veulent être regardés comme chrétiens, comme théologiens, comme exégètes et qui, sous un nom très honorable, voilent toute la témérité d'un esprit plein d'insolence.

..... « La théologie ne tire pas ses principes des autres sciences, mais immédiatement de Dieu par la révélation. Et aussi, elle ne reçoit rien de ces sciences, comme lui étant supérieures, mais elles les emploie comme étant ses inférieures et ses servantes. » (Encyclique *Providentissimus Deus,* 18 novembre 1893.)

et un grand intérêt, cela n'est contesté par personne. Mais on ne peut prétendre enseigner la théologie la plus élevée et surtout la théologie élémentaire en se bornant à cette histoire. Il faut avant tout et toujours les notions essentielles, les démonstrations théologiques du dogme, il faut, une fois encore, l'union de la théologie positive et de la théologie scolastique.

Depuis bien des années déjà, il est de mode de multiplier les accusations et même les injures contre l'enseignement de nos grands séminaires et de prétendre que tout y est à transformer. Rien n'est plus injuste. Je l'ai indiqué il y a quelques instants et je veux le redire, de grands progrès ont été réalisés depuis trente ou quarante ans dans l'enseignement de nos grands séminaires ; les professeurs ont été préparés à l'enseignement ; les cours de théologie aussi bien que les cours d'Ecriture sainte, d'histoire et de droit canon sont au niveau de toutes les controverses actuelles. Sans négliger le passé et la vraie science théologique et philosophique, on y traite toutes les questions qui intéressent aujourd'hui l'Eglise et la société.

Il est facile de faire des plans de transformation. Il est plus difficile de les réaliser avec succès et je pourrais en donner des preuves.

Une fièvre, une passion aveugle de transformations se manifeste. Les novateurs se donnent libre carrière.

En voici qui attribuent à l'étude des sciences naturelles une importance à peu près égale à celle de la théologie.

Ils sont en opposition avec ces paroles de Léon XIII : « Moins que jamais, à notre époque, les élèves de vos petits et de vos grands séminaires ne sauraient demeurer étrangers à l'étude des sciences physiques et naturelles. Il convient donc qu'ils y soient appliqués, mais avec mesure et dans de sages proportions. Il n'est donc nullement nécessaire que, dans les cours de sciences, annexés à l'étude de la philosophie, les professeurs se croient obligés d'exposer en détail les applications presque innombrables des sciences physiques et naturelles aux diverses branches de l'industrie humaine. Il suffit que leurs élèves en connaissent avec précision les grands principes et les conclusions sommaires, afin d'être en état de résoudre les objections que les incrédules tirent de ces sciences contre les enseignements de la révélation » (1).

En voilà qui croient faire merveille en changeant les titres des traités et en réduisant à une année l'étude de la morale.

Ceux-ci protestent contre l'ordre suranné des preuves de nos thèses : Ecriture sainte, Tradition, raisons théologiques, solution des objections. Que veulent-ils mettre à la place ? Ceux-là affirment que la théologie doit être enseignée en français, rendant ainsi impossible la connaissance des grands théologiens et par conséquent la science théologique. On prétend même que quelques-

(1) Lettre aux archevêques, évêques et au clergé de France.

uns demandent que l'étude de la théologie soit réduite à une année. Un séminariste (car certains séminaristes savent tout et décident de tout aujourd'hui) nous apprend que la théologie n'exige ni temps ni travail. Ecoutez :

« Aussi ne suis-je pas d'avis qu'il faille douze ans, ni même cinq ans d'études théologiques pour la préparation sacerdotale ; il y faudrait un régime plus ouvert et moins déprimant, où le futur prêtre, mis au courant de la vie catholique, s'essaierait sous la direction et avec les conseils de prêtres expérimentés et aptes à cette tâche, à l'adapter aux conditions de la vie moderne. Quelques-uns s'emploieraient *à adapter la pensée catholique aux grands courants de la pensée moderne*, mais tout cela devrait se faire par le contact direct avec l'âme de nos contemporains, avec leur cœur et leur intelligence et alors nos prêtres n'auraient pas seulement une formation livresque, ils deviendraient à ce régime des agissants, des directeurs, des conseillers, de vrais apôtres » (1).

Et il en est qui demandent qu'on apprenne dans les grands séminaires l'économie politique, l'agriculture, etc., etc..., de telle sorte qu'en réduisant d'autre part le temps consacré aux études théologiques, on apprendra tout dans les grands séminaires, tout, excepté la théologie.

Ici encore, les doctrines et les innovations que j'ai exposées ont et peuvent avoir sur la foi les plus déplo-

(1) *Le Sillon*, juin 1899.

rables conséquences. Les erreurs sur l'*évolution* des dogmes et leur conciliation avec *les grands courants de la pensée moderne* attaquent directement la foi. L'influence de la philosophie de Kant, l'exagération de la théologie positive, le dédain pour la théologie scolastique, les réformes imprudentes de l'enseignement dans nos grands séminaires, la réduction du temps consacré à la théologie, etc..., sont des périls pour la science du clergé et, par conséquent, pour l'enseignement et la défense de la foi.

Tout cela est très grave ; mais voici qui est plus grave encore.

Il y a douze ans, a paru une brochure anonyme, intitulée : *Le clergé français en 1890*. Elle était un tissu d'accusations et d'injures contre les grands séminaires, contre le clergé et les évêques de France. L'auteur voulait révéler au monde cette découverte qu'il ne devait plus y avoir dans les grands séminaires d'autres livres classiques que l'Evangile. C'est dans l'Evangile commenté, qu'on devait apprendre désormais la théologie dogmatique, la théologie morale, le droit canon, l'histoire, la liturgie, etc... Je ne pense pas que cette découverte ait eu grand succès. Comme l'auteur anonyme affirmait qu'il n'y avait, en France, aucun séminaire dont les élèves fussent capables de soutenir une discussion, je lui offris, par l'intermédiaire de son éditeur, de venir discuter sur sa brochure avec les séminaristes de Nancy : j'attends encore sa réponse.

Plusieurs, aujourd'hui, reviennent à cette opinion, qu'ils élargissent, il est vrai. Ils affirment que les Saintes Ecritures doivent être le premier, principal et essentiel objet des études du clergé et d'abord dans nos grands séminaires « parce qu'il est le premier enseignement divin et traditionnel ».

Je suis convaincu que ceux qui parlent ainsi ont le sincère désir d'être orthodoxes ; mais n'y-a-t-il pas là une tendance très dangereuse et, à prendre les mots dans leur sens rigoureux, une très grave erreur ?

En effet, la Tradition, entendue dans une signification large, qui est la signification exacte, n'est pas autre chose que le *sens catholique : sensus catholicus*, c'est-à-dire l'autorité vivant dans l'Eglise. La Tradition a précédé les Saintes Ecritures et leur est supérieure dans l'économie établie par Notre Seigneur Jésus-Christ, soit comme moyen de connaissance et d'interprétation, soit dans l'étendue et la compréhension, de telle sorte que la tradition doit être considérée comme le tout, contenant en soi comme partie, la doctrine de l'Ecriture et sur l'Ecriture (1).

(1) Voir dans le traité *de divinâ Traditione* du cardinal Franzelin, la sect. III, *de relatione inter divinam Traditionem et Scripturam*. — Voici, entre autres, la formule de la thèse XXI, sous ce titre : *multiplici ratione Traditio antecedit Scripturam* : « Si comparatio instituatur universim inter Traditionem et Scripturam, Traditio censeri debet præcedere tum ordine chronologico, tum ordine logico et cognitionis, secundum œconomiam a Christo institutam, tum ordine comprehensionis et amplitudinis, quæ Traditio spectari potest tanquam totum sub se velut partem continens *doctrinam Scripturæ et de Scriptura*. »

Ajoutons encore cet enseignement du Pape sur la nécessité de

Ce n'est pas tout encore.

On exalte, comme les Protestants, la supériorité, des Saintes Ecritures, puis on veut en étudier l'authenticité, la véracité, on veut les examiner, les juger, en déterminer l'iprnterétation et le sens, selon la critique et l'exégèse nouvelles dont je vais rappeler les prétentions et les erreurs.

Or, si cette critique et cette exégèse sont dans le vrai, s'il leur est permis de nier la véracité ou l'inspiration d'un seul des livres que l'Eglise a définis être canoniques, l'Eglise s'est trompée, elle n'a pas l'autorité divine. Si l'Eglise s'est trompée, Jésus-Christ n'est pas Dieu. Si Jésus-Christ n'est pas Dieu, il n'y a pas de religion vraie et je pourrais ajouter : Dieu n'existe pas. Ainsi donc on tendrait à élever tout l'édifice de l'enseignement du clergé catholique sur l'erreur fondamentale du Protestantisme, et si on ajoute à cette première erreur les

posséder d'abord à fond la théologie pour enseigner l'Ecriture-Sainte et qui condamne la prétention d'apprendre toute la théologie dans l'Ecriture-Sainte :

« Sur les autres points, dit Notre Saint Père le Pape, il (l'interprète catholique) devra suivre les analogies de la foi et prendre comme modèle la doctrine catholique telle qu'elle est indiquée par l'autorité de l'Eglise. En effet, c'est le même Dieu qui est l'auteur et des livres sacrés, et de la doctrine dont l'Eglise a le dépôt. Il ne peut donc arriver, assurément, qu'une signification attribuée aux premiers et différant en quoi que ce soit de la seconde, provienne d'une légitime interprétation........................................

........ « Celui qui professe l'Ecriture Sainte doit aussi mériter cet éloge qu'il possède à fond toute la théologie, qu'il connaît parfaitement les commentaires des Saints Pères, des Docteurs et des meilleurs interprètes. » (Encyclique *Providentissimus Deus*).

droits prétendus de la critique et de l'exégèse nouvelles, on conduit logiquement l'enseignement du clergé à la négation de l'autorité divine de l'Eglise, à la négation de la divinité de Jésus-Christ, à l'incrédulité absolue et à l'athéisme.

## IV

### LES SAINTES ÉCRITURES.

Il y aurait encore plus à dire sur les audaces et les erreurs de la critique et de l'exégèse nouvelles.

Et pourtant il est facile de constater qu'un très grand nombre des prêtres de France ignore les périls que je signale ou n'en apprécie pas la gravité, qu'ils ne se rendent pas compte en particulier des attaques dirigées contre l'autorité et l'interprétation de nos Livres Saints.

Voici quelques-uns des points sur lesquels la nouvelle critique est en lutte avec l'enseignement catholique.

Moïse n'est pas l'auteur du Pentateuque qui est beaucoup plus récent, qui est l'œuvre d'un très grand nombre de scribes se succédant pendant des siècles. Le Pentateuque est un ensemble de livres « composés, retouchés, remaniés pendant des siècles par des inconnus ». Comment la croyance à l'inspiration divine du Pentateuque peut-elle s'accorder avec de telles affirmations ?

Le Mosaïsme ne serait pas une religion originale et

venant de Dieu. Il a emprunté à l'Egypte des doctrines, des lois qui se sont développées par une lente progression. Le Décalogue lui-même est-il d'origine divine ? La religion des patriarches était-elle un vrai monothéisme ou de la monolâtrie ? Les livres de Job, de Ruth, de Tobie, d'Esther, de Judith sont des poèmes, des contes moraux, des romans où l'histoire a peu de place.

Aux difficultés que de telles doctrines soulèvent contre l'inspiration divine de l'Ancien Testament, quelques-uns répondent que leur foi n'a pas besoin de l'Ancien Testament et que le Nouveau leur suffit.

Nous verrons ce qu'ils font du Nouveau Testament.

Ajoutons que de très nombreuses attaques continuent à être dirigées contre la véracité et l'inspiration de quelques-uns de nos Livres Saints ou de certaines parties de ces Livres, malgré les condamnations formelles portées par le Concile de Trente, le Concile du Vatican et l'Encyclique *Providentissimus Deus*.

« Si quelqu'un, dit le Concile du Vatican, ne reçoit pas comme sacrés et canoniques les livres entiers de la Sainte Ecriture *avec toutes leurs parties*, tels que les énumère le saint Concile de Trente ou s'il nie que ces livres sont inspirés, qu'il soit anathème ! » (1).

L'erreur principale de la *nouvelle Ecole*, appelée aussi l'*Ecole large*, consiste à admettre qu'il y a ou du moins qu'il peut y avoir des erreurs dans les Saintes

(1) Sess. III, cap. II, *de Revelatione*, can. 4.

Ecritures, des erreurs qui ne concerneraient pas la foi et les mœurs, mais les matières historiques et scientifiques (1). La nouvelle école présente cette opinion comme une des plus importantes découvertes de notre siècle ; or, elle ne fait que rajeunir une vieille erreur mille fois condamnée et réfutée par les docteurs catholiques (2).

Cette erreur est condamnée par Léon XIII dans son Encyclique *Providentissimus Deus*. « Il ne sera jamais permis, dit le Souverain Pontife, ou de restreindre l'inspiration à certaines parties de la Sainte Ecriture, ou (sans limiter l'inspiration), d'accorder que l'écrivain sacré ait pu se tromper. *On ne peut pas non plus tolérer* l'opinion de ceux qui se tirent de ces difficultés en n'hésitant pas à supposer que l'inspiration divine ne s'applique qu'aux objets intéressant la foi et les mœurs, et à rien au-delà, parce que, *pensent-ils faussement*, lorsqu'il s'agit de la vérité des doctrines, il ne faut pas tant chercher ce que Dieu a dit que la raison pour laquelle il l'a dit. Car *tous ces livres et ces livres tout entiers*, que l'Eglise regarde comme sacrés et canoniques ont été *écrits sous l'inspiration du Saint-Esprit*. Or, loin d'admettre la coexistence de l'erreur, l'inspiration divine *par elle-même* exclut toute erreur, et cela aussi nécessairement qu'il est nécessaire que Dieu, Vérité suprême, soit incapable d'enseigner l'erreur. »

(1) Le *Correspondant* du 25 janvier 1893.

(2) Voir les noms et les doctrines de ceux qui ont soutenu cette opinion. Mazzella : *de Virtutibus infusis*, disp. IV, art. 4. Cornély : *De divina Sacrarum Scripturarum inspiratione commentariolus*.

Son Eminence le Cardinal archevêque de Paris a interdit de poursuivre la publication, dans une revue ecclésiastique, d'articles sur la *religion d'Israël*, comme étant en contradiction avec l'Encyclique *Providentissimus Deus*. La suite de ces articles a été néanmoins publiée en brochures.

J'ai dû moi-même faire des observations à un ecclésiastique qui publiait naguère, dans la *Revue du clergé français*, des articles sur la Genèse contenant plusieurs propositions inexactes, entre autres l'affirmation d'un Dieu corporel et de la matière préexistante à la création (1). Ce prêtre m'a répondu qu'il n'écrirait plus, ou du moins qu'il ne ferait plus imprimer un seul mot sur un sujet quelconque touchant les Saintes Ecritures. J'ai répliqué que ce n'est point ce que je désirais, que je lui demandais d'examiner sérieusement devant Dieu sa méthode de critique et d'exégèse et les objections qui lui étaient faites. Il a prétendu qu'il était absolument convaincu de l'excellence de sa méthode critique appliquée à l'étude du côté humain des Ecritures et qu'un nouvel examen ayant pour objet la légitimité de cette application ne ferait que confirmer sa conviction.

Son Eminence le Cardinal archevêque de Paris a interdit de continuer la publication de cette étude.

Nous avons vu que certains prêtres sacrifient sans regret l'Ancien Testament en déclarant que leur foi

(1) L'article est intitulé *Le récit héloïste de la création.*

n'en a pas besoin. Mais que devient le Nouveau Testament devant la nouvelle critique ?

Le R. P. Fontaine a fait dans son ouvrageintitulé : *Les infiltrations protestantes et le clergé français*, des démonstrations profondément douloureuses.

D'après les nouveaux exégètes, la filiation de Notre Seigneur Jésus-Christ dans les évangiles synoptiques, est simplement une filiation adoptive identique à la nôtre par sa nature et en différant par le degré, de telle sorte que ces Evangiles n'offrent presque aucune preuve de la réelle divinité de Notre Seigneur Jésus-Christ. Les discours du quatrième Evangile, où l'unité de nature entre le Père et le Verbe est formellement enseignée, ces discours ne sont point de Jésus. Il n'y a là qu'une interprétation mystique de sa pensée, que l'on doit attribuer à saint Jean, ou plutôt à un inconnu, disciple de cet apôtre, probablement à son homonyme, Jean le presbyte, de l'école d'Ephèse (1).

Ainsi, on attaque et on détruit le dogme de la divinité de Notre Seigneur Jésus-Christ, fondement de tout le christianisme.

Je montrerai bientôt, en parlant de la foi, d'autres conséquences de la critique nouvelle des Saintes Ecritures contre les principaux dogmes chrétiens.

(1) *Les infiltrations protestantes et le clergé*, page 241.

## V

### L'APOLOGÉTIQUE

Ici, comme en toutes choses, on réclame des transformations (1). Le passé est resté dans l'impuissance et les ténèbres de l'ignorance. La vraie lumière jaillit maintenant sur le monde, de la science et du génie des nouveaux docteurs.

On proclame une nouvelle méthode d'apologétique, méthode qui est philosophique et qui s'appelle *la méthode d'immanence*. Je me bornerai à reproduire ici une appréciation très succincte de cette méthode publiée en note dans ma lettre pastorale pour le prochain Carême, qui traite *de la démonstration de la divinité de la foi*.

« Depuis quelques années, un certain nombre de laïques chrétiens et de prêtres vantent une méthode qu'ils appellent *méthode d'immanence*. Elle repose sur ce principe « que rien ne peut entrer dans l'homme qui ne sorte de lui et ne réponde en quelque façon à un besoin d'expansion » et elle aboutit à cette conclusion « que le surnaturel est postulé (ils disent encore *requis*)

(1) L'influence de la critique et de l'exégèse sur l'apologétique et sur la théologie est affirmée par ces paroles d'un article signé Isidore Deprez dans la *Revue du Clergé français* : « L'exégèse scripturaire ne pourrait se constituer en science autonome sans occasionner et produire une certaine refonte de la théologie, une transformation de l'apologétique ».

par la pensée et par l'action ». Or : 1° ce principe n'est nullement démontré et il ne s'accorde pas avec la notion essentielle de la puissance de Dieu ; 2° si ce *postulat* ou ce *requis* est rigoureux, il rejette le surnaturel qui est infiniment au-dessus des forces et des exigences de toute créature, — s'il n'est pas rigoureux, il ne démontre rien ; 3° cette méthode part de l'homme tel qu'il est ; or l'homme tel qu'il est, est placé dans l'ordre surnaturel ; on suppose donc ce qu'il faudrait démontrer ; 4° les partisans de cette méthode traitent avec le plus complet dédain la méthode traditionnelle qui est celle des grands docteurs et celle du Concile du Vatican ; elle repose, selon eux, sur « la pseudo-philosophie scolastique », et un de leurs chefs a dit que cette apologétique « qui se prétend scientifique ne peut l'être sans contredire les thèses les plus élémentaires de la théologie et de la foi » ; 5° en réalité, cette méthode d'immanence est un fruit du Kantisme, cette philosophie que Léon XIII condamne comme « ébranlant la base même du savoir humain et conduisant au scepticisme universel et à l'irréligion ». L'auguste Pontife n'a-t-il pas condamné le principe même de cette méthode d'apologétique en condamnant « une philosophie qui, sous le spécieux prétexte d'affranchir la raison humaine de toute idée préconçue et de toute illusion, lui dénie le *droit de rien affirmer au-delà de ses propres opérations* » ? (1).

(1) Lettre aux archevêques, aux évêques et au clergé de France, 9 septembre 1899.

M. Fonsegrive, appréciant les écrits de M. Blondel, qui est le premier et le principal docteur de cette méthode, écrit en forme de conclusion :

« Ainsi donc il est possible que M. Blondel n'ait pas entièrement réussi dans sa tentative ; mais il ne lui reste pas moins l'honneur et le singulier mérite d'avoir critiqué à fond les assurances exagérées d'une apologétique qui, traditionnelle ou non, mais réellement existante, se prétend scientifique et *ne peut l'être sans contredire les thèses les plus élémentaires de la théologie et la foi* » (1).

Or, cette apologétique, qui contredit les thèses les plus élémentaires de la théologie et de la foi, est l'apologétique traditionnelle, celles des Pères de l'Eglise et des grands Docteurs, celle du Concile même du Vatican qui l'expose en ces termes : « Afin que l'hommage de notre foi fût d'accord avec la raison, aux secours intérieurs du Saint-Esprit, Dieu a voulu joindre des preuves extérieures de sa révélation, à savoir des faits divins et surtout des miracles et des prophéties qui, en montrant abondamment la toute-puissance et la science infinie de Dieu, font reconnaître la révélation divine dont ils sont les signes très certains et appropriés à l'intelligence de tous (2) ». Le Concile indique aussi, comme une des grandes preuves de la révélation chrétienne, le fait éclatant de l'Eglise, de ses propriétés, de sa fondation.

M. Blondel lui aussi condamne cette apologétique, et

(1) *Le catholicisme et la vie de l'esprit*, chap. III, p. 67.
(2) Constitut. *Dei Filius*, cap. III.

avec quelle violence ! car voici ce que M. Fonsegrive dit quelques pages plus haut :

« M. Blondel, poussant sa charge, s'efforce de montrer que c'est la conception même de la raison et de la philosophie telle qu'elle est admise dans la Scolastique comme un héritage du passé, qui renferme le germe de tous les *combats livrés depuis lors contre l'idée chrétienne* » (1).

Rien de plus grave que de pareilles accusations.

Mais voici quelque chose de plus grave encore sur les relations de la raison et de la foi, sur la raison qui doit conduire à la foi, sur la démonstration de la foi nécessaire pour tous :

« D'un côté, écrit M. Fonsegrive, il n'y a pas d'apologiste qui ne redise de quelque façon avec Racine le fils :

« La raison dans les vers conduit l'homme à la foi »,

de l'autre, il y a entre la *raison raisonnante et la foi un fossé* que la théologie constate et que *rien ne peut combler*. D'un côté, c'est la nature et la force invincible du raisonnement ; de l'autre c'est le surnaturel et le souverain attrait de la grâce ; si les deux ordres ne peuvent se pénétrer, que devient l'apologétique ? et s'ils se pénètrent, s'ils se continuent insensiblement l'un l'autre, que devient leur distinction et l'on peut dire que devient le christianisme ? Voilà d'abord ce qu'il faut bien voir, ce que je crains bien que tous n'aperçoivent pas, ce que

(1) *Le catholicisme et la vie de l'esprit*, p. 56.

M. Blondel a eu pour sa part le *mérite de voir à merveille et d'exposer mieux encore* (1) ».

Je le reconnais, M. Blondel et M. Fonsegrive veulent résoudre le problème posé d'une façon si déplorable. Ils le veulent en repoussant dédaigneusement la méthode apologétique traditionnelle et en proposant l'un et l'autre, avec quelque différence, la méthode d'immanence. Mais quelle méthode pourrait combler, entre la raison raisonnante et la foi, ce fossé dont M. Blondel et M. Fonsegrive affirment l'existence et que, disent-ils, *rien ne peut combler ?* (2)

Il y aurait, sur cet écrit de M. Fonsegrive, bien d'autres observations très graves à faire.

Une erreur, qui peut constituer un réel danger, se trouve aujourd'hui dans les paroles et les écrits de plus d'un apologiste, c'est l'exagération du rôle qui, dans la foi, appartient à la volonté ou au cœur, selon le langage ordinaire. L'acte de la volonté est certainement nécessaire et c'est dans cet acte que réside la liberté de la foi. La volonté meut l'intelligence pour qu'elle adhère aux vérités révélées de Dieu ; mais il faut

(1) *Le catholicisme et la vie de l'esprit*, p. 35.

(2) Le Concile du Vatican (Const. *Dei Filius*, cap. 4) dit : « Comme la droite raison démontre les fondements de la foi, *cum recta ratio fidei fundamenta demonstret* »... et Pie IX (Encyclique *Quam pluribus*) : « la raison humaine.... doit examiner avec soin le fait de la révélation, afin qu'elle ait la certitude que Dieu a parlé et que, comme l'Apôtre le dit très sagement, elle lui rende une obéissance raisonnable, *rationabile obsequium* ». Où est donc le fossé qui ne peut être comblé ?

d'abord que l'intelligence comprenne qu'elle doit croire, qu'elle saisisse les preuves du fait de la révélation, et la foi de tous, même de l'ignorant, doit avoir des preuves. Exposer les preuves du fait de la révélation est le but de l'apologétique. Il est donc inexact de dire qu'on croit simplement ou uniquement parce qu'on veut croire, et surtout de dire qu'on ne peut croire autrement. On supprime ainsi la démonstration de la foi et on rend la foi impossible. Redisons une fois encore qu'on ne peut croire si on ne comprend pas qu'il faut croire, et que c'est l'intelligence qui comprend cette obligation après avoir saisi la valeur des preuves. Pour connaître le rôle de la volonté et de l'intelligence dans la foi, il faut recourir à la théologie et à la philosophie scolastiques, à la psychologie scolastique et, avant tout, à saint Thomas d'Aquin. Mais nos novateurs ont une autre théologie et une autre philosophie.

Ainsi nos nouveaux docteurs repoussant avec mépris l'apologétique traditionnelle pour lui substituer une apologétique erronée et impuissante, affirmant qu'il y a entre la raison et la foi *un fossé que rien ne peut combler*, exagérant la valeur des raisons de croire qui viennent du cœur et supprimant les raisons qui s'adressent à l'intelligence, rendent impossible la démonstration de la foi et la compromettent dans bien des âmes.

## VI

### LA FOI

La philosophie, la théologie, la critique et l'interprétation des Saintes Ecritures, l'apologétique, telles que nous venons de les exposer, atteignent la foi, je l'ai démontré. Elles ne peuvent pas ne pas l'atteindre : c'est l'évidence même. Donnons cependant quelques preuves de ces conséquences fatales.

Les motifs de crédibilité que nous venons de rappeler et qui démontrent le fait de la Révélation ont pour base nécessaire des vérités naturelles qui appartiennent à la raison : la spiritualité et l'immortalité de l'âme, l'existence de Dieu, ses perfections et sa providence et encore évidemment l'objectivité du monde extérieur. Or, relisons une partie du texte que nous avons déjà cité de la Lettre de Léon XIII au Clergé français. Nous avons vu que l'apologétique nouvelle est la fille de cette philosophie, qui « dénie à la raison, dit Léon XIII, le droit de rien affirmer *au-delà de ses propres opérations*, sacrifiant ainsi à un subjectivisme radical *toutes les certitudes* que la métaphysique traditionnelle consacrée par l'autorité des plus vigoureux esprits donnait, comme *nécessaire et inébranlable fondement,* à la démonstration de l'existence de Dieu, de la spiritualité et de l'immortalité de l'âme et de la réalité du monde extérieur ». Donc les catholiques qui acceptent la philosophie de Kant détruisent la foi dans ses assises mêmes.

Voici encore, dans ses obscurités et ses ténèbres, cette philosophie troublant et pervertissant la notion de la croyance, de la croyance religieuse et par conséquent de la foi :

« Quant à la croyance proprement dite, elle est de la même nature que la connaissance. C'est la connaissance moins son contrôle dialectique et *rationnel*. C'est la connaissance *inferieure* à l'intuition métaphysique et à l'induction scientifique. C'est *tout simplement* l'adhésion immédiate de l'être *pleinement conscient à l'être extérieur* sous la *réserve implicite de leur coïncidence légitime* ».

Et encore :

« La croyance religieuse ne se comprend pas sans une théorie des concepts métaphysiques sur les attributs de Dieu, sans une théorie *du symbolisme* et *de l'amour d'origine théologique* (1). »

Que l'on essaie de faire sortir de là une définition exacte et intelligible de la foi !

Voici encore tout un article sur *une définition de la foi* qui méconnaît les notions les plus importantes de la théologie catholique sous l'influence du Kantisme. La foi est une faculté, une faculté naturelle transformée surnaturellement par la grâce..., etc. Il faudrait relever toutes les phrases de cet article (2).

(1) *Annales de philosophie,* novembre 1900, p. 224.

(2) *Revue du clergé français*, 1er décembre 1901, p. 72 et suiv. — On nous dit que cette revue, après avoir exposé ou laissé expo-

L'auteur fait une analyse absolument incomplète de la définition classique de la foi :

« Si, comme le fait l'apologétique traditionnelle, dit-il, nous ne fondons la défense religieuse que sur la définition classique de la foi, qu'avons-nous? 1° un *habitus supernaturalis;* 2° un objet matériel révélé; 3° un objet formel, l'autorité de Dieu : triple entité surnaturelle venue du dehors.

« Dès lors, conclut ce grand théologien, la révélation ne nous apparaît plus que comme un objet plaqué de dehors sur notre âme, avec l'*incompréhensible obligation* d'y adhérer sans savoir au préalable si, par ces finalités transcendantes, *notre autonomie postule cette mystérieuse hétéronomie.* Dans ces conditions il est de toute évidence que l'acte de foi n'est plus qu'une sorte de transcendance *forcée, brutale, tyrannique dans l'absolu, sans aucun lien de parenté avec notre vie immanente.* »

Faisons remarquer que l'auteur supprime ici tout simplement l'acte de l'intelligence adhérant aux vérités révélées, mue par l'acte de la volonté sous l'influence de la grâce, car la définition qu'il critique et qu'il a repro-

ser une opinion, public l'exposé de l'opinion contraire. Mais, qui peut admettre que l'erreur et la vérité soient mises ainsi sur le même rang ? De plus, plusieurs opinions très graves et très fausses, par exemple sur les Saintes Ecritures, publiées dans cette revue n'ont pas été réfutées et quand S. Em. le cardinal-archevêque de Paris a interdit d'insérer la suite de tels articles, aucun regret n'a été exprimé. Enfin, beaucoup de réfutations de très graves erreurs sont de la plus déplorable faiblesse. On comprend que certaines gens n'aiment ni la théologie ni les théologiens.

duite lui-même deux pages plus haut dit : *Virtus supernaturalis et theologica disponens mentem ad assentiendum*, etc.

Il est difficile d'accumuler en si peu de mots autant de très graves erreurs. Et cette définition classique de la foi qui est forcée, brutale, tyrannique dans l'absolu, c'est la définition traditionnelle, catholique.

Nous retrouvons ici les idées, ou plutôt les principes des novateurs, l'évolution du dogme, l'adaptation de la foi à la pensée moderne, aux affirmations des sciences naturelles, aux doctrines et aux prétentions de l'Université. Et, ce qui dépasse toute mesure, je dirai toute invraisemblance, tout cela est réclamé au nom des *directions pontificales*. On peut apprécier ce qui restera des dogmes chrétiens et de l'unité doctrinale de l'Eglise si on accepte de telles erreurs. Voici un texte qui, parmi d'autres, est un résumé, un aveu et un programme :

« En résumé, le catholicisme doit être *présenté* à nos contemporains *selon leur mentalité, selon leurs habitudes acquises et particulières*. En France, cette mentalité se complique des exigences pratiques imposées par le régime universitaire dont tout l'enseignement public dépend et qui forme l'élite pensante du pays. Entre le catholicisme pris comme point d'arrivée et l'esprit scientifique pris comme point de départ, il faut une compénétration de terminologie, de méthode, d'attitude générale ; entre l'un et l'autre, il faut une sorte de *pont mobile, un transbordeur*. Ceci explique et justifie en général l'attitude décrite plus haut, laquelle diffère absolument de l'attitude *classique autoritaire traditionnelle*. Les penseurs laïcs, les universitaires, les sociologues, les politiques de bonne foi, ne *peuvent venir à l'Eglise que dans ces conditions à la fois particulières et générales*. Faisons des *directions pontificales* le lien commun de l'action rénovatrice ; qu'elles soient autant un *point de départ* qu'un point d'arrivée. Seules, les circonstances peuvent dicter l'attitude autoritaire ou l'attitude pénétrante.

« S'il fallait s'en rapporter à la matérialité des faits, rien ne fut plus discuté que les directions de Léon XIII. Il faut remonter au jansénisme de la pire époque pour trouver une contradiction analogue.

« Grégoire XVI, qui condamna Lamennais *sous la pression gallicane et monarchique*, s'accommoda, à *contre-cœur*, il est vrai, d'une attitude qui n'était pas, en France, catholique. On sait ce qu'il en est résulté depuis soixante ans : un *abaissement de l'idée chrétienne au triple point de vue politique, social, intellectuel*. Léon XIII n'a que peu ménagé les immobilités convaincues, les dogmatiques statiques, le classicisme insuffisant et périmé. Il s'est montré le pape des transitions prudentes mais nécessaires ; il s'est mis résolûment sur le terrain de toutes les adaptations possibles ; action colossale, inouïe, très rare dans l'histoire de l'Eglise ; action providentiellement favorisée par une merveilleuse longévité. »

Et encore :

« Voici un autre aspect très actuel de la question. Sous le prétexte de plus de *science dans l'exégèse*, d'une connaissance plus approfondie de la *formation historique du dogme*, d'une idée *plus rationnelle de la genèse des religions*, peut-il se constituer parmi nous une sorte de *catholicisme spécial, soi-disant réservé à des esprits plus cultivés* (1) ? »

Aussi les conséquences de pareilles doctrines se manifestent tous les jours ; les dogmes essentiels du christianisme sont attaqués et niés par des prêtres qui s'efforcent de faire école.

J'ai dit plus haut que la critique et l'exégèse nouvelles suppriment dans les Evangiles les preuves de la filiation divine de Jésus-Christ. Voici ce que dit encore le R. P. Fontaine dans son livre : *Les Infiltrations protestantes et le Clergé français* : « Le christianisme avec tous ses dogmes et toutes ses institutions repose sur un fait *certain et divin*, le fait de la révélation par le Christ. Saint-Paul résume tout dans ce verset de l'Epitre aux Hébreux : *Novissime diebus istis locutus est* (*Deus*) *nobis in Filio*. Otez à ce fait de la révélation ou sa certitude ou son caractère divin et vous ruinez le christianisme lui-même. J'accuse la théorie que je combats d'ébranler cette base — je devrais peut-être dire davantage — en affaiblissant en ce qui concerne les dogmes les plus essentiels et la certitude et la divinité du fait de la Révé-

(1) M. l'abbé Denis, *Annales de philosophie chrétienne*. Décembre 1901, p. 336 et 333.

lation. Trois dogmes me semblent particulièrement atteints dans les études de M. Loisy : le dogme de la divinité de Jésus-Christ, le dogme de la régénération baptismale, et celui de la sainte Eucharistie ; j'en ferai la preuve en ce qui concerne le premier seulement (1). »

M. l'abbé Quiévreux a publié sous ce titre : *Le Paganisme au XIX*e *siècle*, trois volumes qui ont été mis à l'*Index*. Il écrit à M. l'abbé Klein dans le journal de M. Dabry :

« Mon cher ami,

« Il faut que je vous embrasse avec la plus chaleureuse tendresse. A peine avais-je reçu le coup *si brutal* qui me frappait, que votre main accourait, et, impuissante à empêcher la blessure de creuser son trou sanglant jusqu'au cœur, elle s'appuyait onctueusement sur la plaie, la comprimait, l'anesthésiait et faisait mieux encore : elle l'embaumait. Vous me montriez la cicatrice que votre cœur porte encore à son côté gauche, et qui, bien que fermée, n'y a pas moins laissé un vif stigmate, pareil à notre insigne d'honneur. Tout de même, je ne suis pas jaloux, et votre blessure, ami, restera glorieuse.... »

Je voudrais bien connaître la lettre de M. l'abbé Klein qui a mérité de tels éloges et savoir comment il a montré la cicatrice qu'il porte encore et qui est *pareille à notre insigne d'honneur*.

(1) *Les Infiltrations protestantes et le clergé français*, page 154.

M. l'abbé Sifflet, rédacteur de *la Justice sociale*, avait publié dans ce journal sous le nom de Délion, des articles qui contenaient des affirmations erronées ; vivement critiqué, il adressa à M. l'abbé Naudet la lettre suivante :

« J'ai fait paraître dans votre journal un article sur la Passion, jugé trop léger dans la forme par les hommes compétents, et téméraire dans les sentiments exprimés. Il compromet, m'a-t-on fait remarquer, la saine doctrine.

« Sur l'ordre de mes supérieurs, désireux de voir cesser le bruit fâcheux fait autour de mon nom, je vous ai écrit de ne plus me compter parmi vos collaborateurs.

« D'après quelques personnes, les articles que vous m'avez consacrés (15 et 22 juin), à la suite de cet incident pénible, sembleraient dire que S. Em. le cardinal Coullié, en me confiant la direction des discussions à la séance des œuvres de jeunesse (2 juin à Lyon), approuvait ma manière de voir. Il n'en est rien, et je recevais dans le même temps un avertissement charitable.

« Je demande à votre amicale et traditionnelle impartialité de publier en entier cette lettre explicative. »

M. l'abbé Naudet n'était pas satisfait et il accusa les supérieurs de M. l'abbé Sifflet d'abus de pouvoir :

« Obliger un inférieur à prendre cette attitude, disait-il, et à remercier ainsi l'autorité qui lui fut bienveillante, n'est-ce pas faire un abus véritable de la charge de supérieur ? »

Pour écrire de telles paroles, il faut méconnaître et l'obligation d'enseigner la vraie doctrine et les droits de l'autorité dans l'Eglise.

M. l'abbé Sifflet a bien d'autres rétractations à faire dans les termes les plus clairs et les plus nets. Sa responsabilité est d'autant plus grande que les fonctions qu'il remplit lui donnent une grande influence sur la jeunesse.

Voici quelques-unes des propositions erronées qu'il a formulées dans un ouvrage intitulé : *Cours lucide et raisonné de doctrine chrétienne. Les Sept Mystères chrétiens, troisième édition augmentée.*

PÉCHÉ ORIGINEL. — « *Prise au sens littéral,* cette vérité du catéchisme : par le péché originel, l'homme est devenu sujet à la concupiscence, à la douleur et à la mort, *serait une absurdité* » (p. 88), car... Adam innocent aurait souffert et serait mort (p. 89-90).

RÉDEMPTION. — L'auteur critique avec une désinvolture irrespectueuse les auteurs ecclésiastiques qui ont mis en relief le mystère du *Sang* dans la Rédemption (p. 117-118).

« Ce n'est pas Dieu qui a exigé ce sacrifice... ; il aurait pu arriver que Jésus-Christ ne souffrît pas »; c'est le résultat de la liberté et de la malice des hommes (p. 635-636).

« Il n'est pas de foi que les catholiques évitent plus facilement l'enfer que les non catholiques... » ; ce serait faire de la vie éternelle un jeu de cartes (p. 159).

« D'ailleurs les vertus naturelles sauvent « tous ces déshérités (ouvriers, etc.), qui n'ont que des vertus sauvages, mais grandes : la parole donnée, l'amitié jusqu'au sacrifice, le bon cœur et la franchise ; je n'ose pas les mettre en enfer pour avoir oublié le catéchisme et ses prescriptions » (p. 433).

« L'évangélisation rend plus facile le bonheur *surnaturel* » cependant « le nègre, par défaut de missionnaire, ne sera pas en enfer, mais il ne sera pas plus au *ciel des élus* ; il aura un bonheur *naturel* comme les enfants que le baptême n'a pas atteints, mais pas la vue de Dieu face à face » (p. 165).

EUCHARISTIE. — « *Jésus-Christ n'est présent dans l'hostie que par son action.* » Il dilate son action par un rayonnement substantiel comme le soleil est présent à chaque caillou, comme la vapeur se dilate ». (Nota : substantiel, dans sa langue, égale actif, p. 209-210).

« Par les mots *chair et sang*, l'Eglise n'a jamais entendu la chair matérielle, ni la liqueur rouge qui coulait dans les veines de Jésus-Christ, mais *sa substance*, sa *vie physique*, ce que le mot complémentaire *sang* désigne en particulier.

« Le sens est donc : « Mes paroles expriment l'*esprit* (divinité et âme de Jésus-Christ) et *la vie* (sang et corps en substance) âme, divinité corps (vie et substance), formule de l'Eucharistie. Jésus-Christ ne se donne pas la peine d'indiquer aux habitants de Capharnaum qu'il n'a pas en vue un acte d'anthropophagie » (p. 220-221).

D'après l'auteur, la substance de Jésus-Christ est sa monade.

« Le Sang de Jésus-Christ *n'est pas dans l'Eucharistie*. Il ne faut à aucun prix laisser croire aux intelligences naïves, que les trente-cinq litres de sang qui coulaient dans les veines de Jésus-Christ vivant se trouvent d'une façon quelconque dans une parcelle de pain » (c'est-à-dire sous l'espèce) (p. 174, note).

RÉSURRECTION. — La même erreur sur le corps et le composé humain, amène les erreurs suivantes : « A la mort on peut croire que l'âme ne marche pas seule vers l'éternité, elle conserve la substance (monade) de son corps », (p. 313) « organisme subtil » (p. 316).

ENFER. — « Critiques de sainte Thérèse, des Pères, des théologiens », esclaves des idées de leur temps (p. 343-344), et « retour à un enfer *de sens commun* » (p. 343, note).

*Existence de l'enfer*. Il cherche à atténuer toutes les preuves scripturaires (p. 360 et suiv.) et conciliaires (p. 380).

*Peine du dam*. Elle « peut être épouvantable, mais *l'est-elle?*... Nous ne savons.. » (p. 423). Ici-bas elle existe, nous nous en accommodons (p. 423).

*Peine du sens*. Après la mort, pas de sens, donc pas de feu (p. 397). Après la résurrection, la *monade* qui sera notre corps ne pourra être brûlée (p. 399).

« En tout cas, même pour les monstres, pas si épouvantable que disent les mystiques, car comment a-t-on osé prêter à Dieu des vengeances si monstrueuses ?... Comment adorer un tel Dieu ?... Dans mon infirmité, je me sens meilleur que lui » (p. 411).

« Eternité des peines. » C'est une impiété d'imaginer un Dieu tel qu'on rougirait de l'imiter. Que signifie ce Roi des Cieux à qui vous ôtez dans son empire de l'autre monde le droit de grâce ? » (p. 346).

Je pourrais faire bien d'autres citations ; ce livre est un tissu d'erreurs les plus graves, et parfois de propositions absolument hérétiques, et il fait son chemin sans obstacle. Que doit être l'enseignement oral du prêtre qui en est l'auteur ? .

N'est-il pas navrant et effrayant de constater que des prêtres, dans des livres destinés à l'instruction religieuse de la jeunesse, enseignent de telles erreurs ? Où allons-nous ? Et où s'arrêtera ce courant de négation et d'incrédulité ? Comment la foi du peuple résisterait-elle à toutes ces doctrines contre l'objectivité des connaissances humaines, aux attaques dirigées contre les bases et les préambules de la foi, les vérités naturelles, contre l'immutabilité des dogmes catholiques, contre l'authenticité, la véracité et le sens d'une partie des Livres Saints, contre les notions essentielles de la foi et la possibilité de la démonstration de sa divinité, contre les dogmes les plus importants, contre la divinité de Notre Seigneur Jésus-Christ, contre l'Eucharistie ? Ces doctrines pénètrent déjà et pénétreront de plus en plus partout :

c'est la foi de la France chrétienne qui s'en va tous les jours.

« Nous ne saurions trop déplorer, dit Léon XIII dans l'Encyclique *Providentissimus Deus*, l'étendue et la violence de plus en plus grande que prennent ces attaques. Elles sont dirigées contre des hommes instruits et sérieux, quoique ceux-ci puissent se défendre sans trop de difficultés ; mais c'est surtout contre la foule des ignorants que des ennemis acharnés agissent par tous es procédés.

« Au moyen des livres, des opuscules, des journaux, ils répandent un poison funeste ; par des réunions, par des discours, ils le font pénétrer plus avant ; déjà ils ont tout envahi, ils possèdent de nombreuses écoles arrachées à l'Eglise, où, dépravant misérablement, même par la moquerie et les plaisanteries bouffonnes, les esprits encore tendres et crédules des jeunes gens, ils les excitent au mépris de la Sainte-Ecriture .»

Ce que l'auguste Pontife dit des erreurs contre les Saintes-Ecritures, qui échappent dans une certaine mesure à l'ensemble du peuple, et bien plus vrai encore des erreurs contre d'autres vérités chrétiennes. Celles-ci mettent en plus grand péril la foi de tous.

## VII

### LES CONGRÈS ECCLÉSIASTIQUES.

La *Semaine religieuse de Bourges*, dans une livraison qui a été envoyée à un grand nombre des évêques de

France, peut-être même à tous, formulait il y a peu de temps ces accusations :

« Aussi fut-il (le congrès de Bourges) attaqué par tous *les ennemis des directions pontificales*, par tous ceux à qui cette union avec Rome déplait, *réfractaires notoires*, *violents ou dissimulés* dans le passé, *gallicans* ou *régaliens* de toutes nuances, tandis que les amis fidèles et dévoués du Saint Siège applaudissent unanimement. »

Je ne discuterai pas de telles accusations, dont l'extrême gravité ne peut échapper à personne, portées contre des prêtres et des évêques qui ont donné au Saint Siège, à l'Eglise et à la France chrétienne des preuves de dévouement que d'autres n'ont certainement pas données. Il suffit de signaler ces injures pour en faire justice ; d'ailleurs tout ce que je vais dire sera une réponse décisive et péremptoire.

J'use d'un droit indiscutable, j'accomplis un devoir de ma charge épiscopale en dénonçant les périls de l'Eglise de France et, parmi ces périls, les Congrès ecclésiastiques. Je pourrais discuter et combattre plusieurs points de doctrine affirmés dans le congrès de Bourges ; je préfère me restreindre à des considérations générales.

Je ferai d'abord remarquer que sur ce point, comme, hélas ! sur tant d'autres, la juste mesure ne peut être gardée, que l'on cède à des modes et à des engouements dans lesquels la réflexion et la prudence n'ont souvent aucune part. Autrefois il n'y avait point de congrès. Aujourd'hui il n'y en a jamais assez. Après les congrès des prêtres, voici les congrès des séminaristes. Pourquoi pas demain des congrès des élèves de nos établissements d'instruction secondaire déterminant les cours et la méthode de leurs études et modifiant la discipline ? Pourquoi pas des congrès de soldats et de conscrits transmettant leurs avis ou leurs décisions à leurs généraux et au conseil supérieur de la guerre ? Pourquoi pas des congrès de sacristains délibérant sur le service des églises et l'administration des paroisses ; des congrès de servantes pour régler les réceptions et les relations de MM. les curés ?

Personne ne prétend que tout congrès réunissant un certain nombre de prêtres doit être interdit. L'*Alliance des maisons d'éducation* a chaque année une réunion, un congrès. Mais ces congrès sont restreints entre certaines limites déterminées, sur des questions qui, quoiqu'importantes, n'ont rien de l'extrême gravité de beaucoup de questions traitées par les congrès ecclésiastiques. Les congrès de cette *Alliance* sont pleins de respect pour l'autorité épiscopale, et leurs organisateurs et directeurs n'ont manifesté aucune tendance dangereuse.

Les congrès ecclésiastiques, dans les conditions où ils ont été constitués, ne sont pas conformes aux traditions de l'Eglise catholique. Je reconnais que des modifications sont, non seulement utiles, mais souvent néces saires dans l'action de l'Eglise et du clergé. Il faut tenir compte des temps, des circonstances, de l'état et du mouvement des esprits, mais avec une grande prudence en matière délicate et difficile et surtout après une expérience de dix-neuf siècles. Il y a eu, pendant ces dix-neuf siècles, des époques aussi agitées que la nôtre, plus orageuses encore, des époques de luttes religieuses et de transformation sociale.

A ces époques, l'Eglise possédait des prêtres de la plus haute valeur, des docteurs illustres, de grands saints, et cependant aucun n'a songé à ces assemblées de prêtres. Tous ont eu confiance dans la constitution de l'Eglise, dans l'autorité des évêques et des vicaires de Jésus-Christ. Leur confiance n'a pas été trompée.

Les traditions de l'Eglise doivent être respectées, surtout en des temps où souffle partout le vent de l'indépendance et des innovations aveugles, et quand il s'agit des droits divins de la hiérarchie catholique. Ce ne sont point les prêtres, même assemblés, ce sont les évêques que l'Esprit-Saint a établis pour gouverner l'Eglise de Dieu : *Spiritus sanctus posuit episcopos regere Ecclesiam Dei* (1).

Que ces congrès, que leurs délibérations et leurs décisions touchent à chaque instant aux droits de l'autorité épiscopale, c'est l'évidence même.

Quelles sont, en effet, les questions que traitent ces

(1) Act. XX., 28.

congrès? Toutes les questions, même les plus hautes, les plus difficiles, sur la formation, la direction, la vie, le ministère du clergé, sur les œuvres de tout genre. Or, toutes ces questions relèvent de l'autorité épiscopale. Et où s'arrêtera t-on? Sur un pareil terrain, la marche en avant, l'entraînement a pour complice la nature humaine, et les habitudes et aussi la nature de ceux qu organisent et dirigent ces congrès.

On nous dit: Nous ne formulons que des vœux qui seront soumis à l'autorité épiscopale. Mais ces vœux expriment des opinions très arrêtées; ils ressemblent, à s'y méprendre, à des décisions. De plus, il faudrait absolument ignorer l'expérience du passé et du présent pour ne pas comprendre que des vœux ainsi formulés, dans de pareilles conditions, livrés à tous les vents de la publicité, ont pour but de s'imposer à l'opinion des fidèles et du clergé et de peser, surtout s'ils sont souvent renouvelés, sur l'autorité de l'épiscopat. Je démontrerai bientôt que tel est, en réalité, le but des organisateurs de ces congrès.

On nous dit encore : Les organisateurs de ces assemblées ont généralement le souci de les placer sous le patronage de quelques-uns de nos évêques. Voici la réponse que Monseigneur l'Evêque de Dijon fait à cette objection : « Mais encore n'y a-t-il pas lieu de souhaiter de la part de ces vénérables présidents une direction plus visible, plus efficace, un contrôle plus précis, une part beaucoup plus étendue dans la préparation, la conduite et la conclusion des débats ? Est-ce bien à eux qu'est remise la direction de l'entreprise ? Choisissent-ils réellement ceux qui en assument la charge en leur place ? Est-ce sous leurs yeux et de par leur inspiration que la marche des choses est réglée, et en fin de compte, la direction des évêques en ces conjonctures ne fait-elle pas songer parfois à la sentence souvent répétée touchant les rois qui « règnent et ne gouvernent pas »(1) ?

Je reviens encore aux questions qui sont traitées dans ces congrès. Il est des questions qui sont traitées en quelques instants et qui arrêteraient pendant des semaines, peut-être des mois, des conciles provinciaux ou nationaux, peut-être même des conciles généraux.

Mais ce qui ajoute à toutes ces considérations une valeur exceptionnelle, ce qui multiplie et aggrave les inconvénients et les périls, ce qui est ici capital et décisif, c'est l'ensemble des idées, des doctrines, des dispositions, des tendances, des actes et des écrits des organisateurs et des vrais directeurs de ces congrès. Ces organisateurs et ces directeurs sont les membres les plus influents de ces groupes de prêtres dont je viens d'exposer les doctrines, les tendances, en philosophie, en théologie, dans la critique et l'interprétation des Saintes Écritures, dans l'apologétique, dans les enseignements de la foi. Ce sont eux qui veulent s'emparer, bon gré mal gré, en dehors ou contre l'autorité des direc-

(1) *L'Épiscopat français et quelques sollicitudes de l'heure présente*, page 11.

teurs de nos séminaires et des évêques, de la direction et de la formation des séminaristes et des jeunes prêtres. A qui fera-t-on admettre (et d'ailleurs ils parlent assez haut) que ces congrès ne sont pas le moyen le plus puissant et sur lequel ils comptent le plus pour réaliser leurs projets, faire accepter leurs doctrines et préparer, comme ils le disent, *le clergé de l'avenir* ?

Mais voici une démonstration qui a encore une bien autre valeur, et qui, je l'espère, ouvrira les yeux aux plus obstinés. La *Semaine religieuse de Bourges*, après avoir adressé des injures à tous ceux qui n'approuvent pas le congrès de Bourges, ajoutait : « tandis que les amis fidèles et dévoués du Saint Siège applaudissent unanimement » (à ce congrès).

Or voici des applaudissements qui ne sont point ceux des amis fidèles et dévoués du Saint Siège.

Dans le numéro du journal le *Chrétien français*, du jeudi 2 janvier 1902, journal des prêtres apostats qui ont brisé les liens de leur sacerdoce et trahi l'Eglise, je vois la seconde et la troisième page remplies en partie de lettres de prêtres qui déclarent abandonner l'Eglise, qui insultent l'autorité du Pape et déclarent qu'ils ne peuvent plus croire, qu'ils obéissent à leur conscience en sortant des rangs du clergé catholique. Or, toute la première page de ce même journal est consacrée au congrès de Bourges. Au centre se trouve la reproduction d'une photographie représentant l'assemblée des prêtres réunis au congrès, et à côté et au-dessous les portraits des principaux personnages qui y ont pris part.

L'article qui encadre cette gravure et ces portraits, rédigé par un prêtre apostat, secrétaire de la rédaction, déborde d'enthousiasme en faveur de ce congrès et fait l'éloge sans réserve des orateurs.

« Trois jours durant, y est-il dit, ces prêtres, unis dans un même effort, chercheront loyalement sous le regard de Dieu ce qui, dans l'Eglise à laquelle ils appartiennent, se révèle comme à jamais caduc. Avec un magnifique courage, plusieurs se lèveront (1) qui, dans leurs discours, dans leurs rapports, aux applaudissements de chacun, s'écrient : tout est à changer, et la mentalité du prêtre, et sa science et son activité, qu'il soit précipité dans la fournaise de la pensée moderne, qu'il soit recréé à l'image de notre époque et que, par lui, l'esprit nouveau entre avec la vie dans l'Eglise transformée ! »

L'article se termine par ces paroles :

« Toutefois nous en avons dit suffisamment pour que le lecteur comprenne l'intense émotion qui s'est emparée de notre âme lorsque nous sont parvenus les échos de ces trois grandes et saintes journées.

« Il n'était pas monté en vain vers le ciel le cri sorti de toutes les poitrines au jour solennel de l'ouverture :

*Veni creator Spiritus*

(1) L'auteur de cet article parle au futur, dans le langage du dithyrambe, mais il s'agit du congrès qui a été tenu.

« L'Esprit de Dieu était avec ces prêtres.

« Et s'ils ne se roidissent pas à l'avenir contre l'impulsion divine qui les jeta ce jour-là au-devant de l'humanité nouvelle, l'Eglise catholique de France sortira du tombeau dans lequel son obéissance servile à un autre que Dieu l'avait abattue. Elle revivra pour, parée d'une jeunesse nouvelle, sur la route royale de la liberté chrétienne, s'avancer au milieu des hosannas de son peuple, ravi de saluer en elle l'incarnation glorieuse de toutes ses espérances. »

De tels éloges, de tels applaudissements sont vraiment écrasants.

A la page 3, première colonne, je lis encore cet extrait d'une lettre de l'ex-père Hyacinthe, 9 octobre 1900 :

« Vous me parlez du congrès des prêtres réunis à Bourges, et vous me dites que vous y avez retrouvé quelque chose de l'esprit *qui m'animait dans la chaire de Notre-Dame*. L'un des membres les plus distingués de ce congrès m'écrit en effet : « Nous avons fait une brèche dans le mur de la routine et du préjugé ». Je lui répond que la brèche *n'est pas encore assez large pour que j'y puisse passer* ».

Il résulte manifestement de ce texte que plusieurs membres de ce congrès, qui sont évidemment au plus haut degré « des amis fidèles et dévoués du Saint Siège », sont les amis et les confidents de l'ex-père Hyacinthe.

*D'après eux*, l'esprit qui a animé ce congrès est

l'esprit qui animait l'ex-père Hyacinthe dans la chaire de Notre-Dame et qui l'a conduit à l'abîme. D'autre part, l'ex-père Hyacinthe qui apprécie beaucoup ce qui a déjà été fait par ce congrès, semble espérer qu'on fera mieux encore et qu'il pourra un jour, bientôt, sans faire aucune concession, sans manifester aucun repentir, passer par la brèche un peu élargie et rentrer ainsi dans l'Eglise *transformée*.

En présence de tels documents, toute démonstration est inutile.

## VIII

### LES SÉMINARISTES SOCIAUX.

Jusqu'à ce jour on parlait de séminaristes catholiques, d'élèves du sanctuaire, aujourd'hui on parle des *séminaristes sociaux*. Quel sens peut avoir l'association de pareils termes ?

Mais allons au fond des choses.

Rien, dans la sainte Eglise, ne relève aussi directement et absolument de l'autorité des évêques, et n'est plus soumis à leur action incessante et toute puissante, que les grands séminaires. Aucun gouvernement civil, aucun pouvoir humain ne peut s'ingérer dans cette œuvre essentiellement surnaturelle, ecclésiastique et épiscopale.

« Le Saint Siège apostolique, a dit Léon XIII dans son Encyclique *Jampridem* (1er janvier 1886), a pris soin de maintenir complet et assuré le droit des Evêques dans la direction des séminaires, tout autre pouvoir étant exclu. » Et plus loin, dans la même Encyclique : « Personne ne peut douter que le droit et la charge de former les jeunes gens que Dieu a choisis parmi les hommes par un privilège spécial afin qu'ils soient ses ministres et les dispensateurs des mystères, n'appartiennent qu'aux évêques : *non aliis quam episcopis jus munusque docendi et instituendi* ».

C'est pourquoi l'auguste Pontife, dans sa Lettre au clergé de France, après avoir tracé avec la plus haute sagesse les règles qui doivent être suivies dans l'instruction et l'éducation des petits et des grands séminaires et les règles de la vie et du ministère des prêtres, a rappelé avec la plus grande énergie les devoirs de l'obéissance à l'égard des évêques, et s'est approprié ces paroles de saint Ignace, martyr, au clergé de la primitive Eglise : « Ne faites rien en dehors de votre évêque, rien de ce qui touche au service de l'Eglise ». Certes, si parmi toutes les œuvres qui touchent au service de l'Eglise, il en est une à laquelle s'appliquent ces paroles, c'est bien à l'œuvre de nos séminaires.

Un des adversaires de l'Eglise a dit : « Qui est maître de l'enseignement est maître de l'avenir ». Si cela est vrai de l'enseignement des enfants du peuple, que sera-ce de l'enseignement du clergé ?

Or, depuis quelques années déjà, et avec une audace toujours croissante, des laïques et des prêtres sans mission et sans autorité s'efforcent de s'emparer de la direction des jeunes prêtres et des séminaristes ; ils offrent à ces jeunes prêtres et même aux séminaristes, pendant les vacances, leurs journaux. Bien plus, des journaux lithographiés ou imprimés sont rédigés dans les séminaires et circulent dans les séminaires. Un texte que je citerai bientôt affirme qu'on recommande de ne pas signer les articles *compromettants*, de maintenir *la loi du secret*.

Pendant les vacances, on réunit, même chez des laïques, des séminaristes et des jeunes prêtres ; on tient des assemblées et des congrès, qu'on appelle parfois cercles d'études. Si un évêque, en présence de toutes ces tentatives, rappelle aux curés de son diocèse qu'ils doivent, pendant les vacances, « observer les séminaristes dans leurs paroisses, scruter leur esprit, surveiller leurs lectures et leurs fréquentations », les envahisseurs protestent : ils déclarent que l'on fait ainsi de ces curés, des espions et des mouchards et dénoncent là une œuvre de déshonneur.

Est-ce qu'il n'y a pas des aveux dans cet effroi et cette indignation ? Pourquoi s'indigner et s'effrayer d'une vigilance qui n'a jamais effrayé et indigné personne, sinon les mauvais séminaristes qui ne méritent pas l'estime de leurs supérieurs ? (1).

(1) Cette surveillance des séminaristes par les curés est prescrite dans tous les diocèses du monde. Saint Alphonse de Liguori, dans son *Homo apostolicus*, tract. VII, cap. IV, n° 33, après avoir

Ici encore, ce qu'il y a de capital et de décisif, ce sont les doctrines, les tendances de ceux qui prétendent s'emparer de la direction et de la formation des séminaristes, et ces doctrines et ces tendances sont celles que je viens de signaler dans tout le cours de cette étude.

Ceux-là ne peuvent ni s'indigner, ni s'étonner que nous examinions de près leurs opinions sur la formation du clergé et leur esprit surnaturel et sacerdotal.

Les deux journaux qui s'offrent avec tant d'insistance aux jeunes prêtres et aux séminaristes sont l'*Eglise militante*, naguère la *Voix du siècle*, de M. l'abbé Dabry, et la *Justice sociale* de M. l'abbé Naudet.

Voici ce qu'écrivait M. l'abbé Dabry, dans le *Peuple Français*, au sujet du congrès de Reims :

rappelé ce très grave devoir des curés, ajoute : « De ces curés qui donnent des témoignages favorables à ces séminaristes (qui ne les méritent pas) il faut dire qu'ils ont abandonné la foi, *defecisse a fide* ; car, dit-il, ces curés appellent sur eux les vengeances de Dieu au sujet de tous les crimes que commettent ceux-ci, promus aux Ordres sans vocation, et de toutes les fautes dont ils sont la cause pour d'autres, parce que les évêques accordent en cela pleine confiance aux curés ».

Il ajoute que les évêques ne doivent même pas, dans une question de si haute importance, d'où dépend le salut des peuples, se contenter des attestations des curés, ni les curés des attestations des autres, à moins qu'il n'ait de ce qui est attesté plus que la certitude, *plus quam certus fiat*.

Evidemment, saint Alphonse de Liguori est un vieux radoteur et un *réfractaire*. Il n'a jamais compris les *directions pontificales* ni la formation du clergé. C'est un saint, mais il n'est jamais allé *se faire baptiser homme* dans un congrès ecclésiastique ; c'était un grand théologien, mais on est occupé à changer la théologie et dogmatique et morale ; c'est un docteur de l'Eglise catholique, mais non pas un docteur de l'Eglise transformée et du *clergé de l'avenir*.

« Ne pourrait-il pas y avoir le pèlerinage des prêtres qui iraient se *faire baptiser hommes*, qui iraient *secouer les chaînes d'un système odieux* où le vicaire ne pense que par le curé, le curé par l'évêque et l'évêque par le gouvernement ? Chez nous la hiérarchie tue l'individu. »

Et encore : « Réservons toujours notre soumission filiale et le droit des supérieurs à intervenir.

« Mais, dans ces limites, soyons hardis, et pour penser, et pour chercher, et pour exécuter. Soyons vivants. Ne nous regardons pas comme un instrument *passif entre les mains de ceux qui commandent*, mais comme une force intelligente et agissante, etc. »

Il écrivait aussi : « Je vois peu de choses dans l'*esprit général*, dans les *habitudes*, dans la *méthode* des catholiques et même dans *toute l'organisation ecclésiastique* française, qui ne soient marquées du signe de la ruine.

« L'*autel*, construit dans le style du dix-septième siècle, *est destiné à aller rejoindre le trône.*

« *L'édifice tout entier est à rajeunir* et à mettre en harmonie avec *les goûts* et *les besoins des générations qui viennent*. »

M. l'abbé Naudet disait à Angers, en avril 1895 : « Citoyens et citoyennes, je suis de l'Eglise d'aujourd'hui et de demain *et non de celle d'il y a cent ans... Le Paradis, je veux le donner tout de suite en attendant l'autre* ».

Le même discours fut tenu à Lille, et le *Réveil du Nord* lui-même s'en montra scandalisé : « Les béatitudes célestes ! vous en avez fait dimanche bien bon marché, Monsieur l'abbé ! » observait le journal socialiste de Lille. « Le Ciel est trop loin, la croix est trop lourde, nous voulons le bonheur ici-bas. C'est bien là, n'est-ce pas, le langage presque impie pour lequel votre cœur de démocrate chrétien a trouvé d'éloquentes excuses. Quoi qu'il en soit, vous prêchez aujourd'hui les félicités terrestres : il est sorti de votre bouche, contre la richesse oisive et contre l'exploitation de l'homme, des périodes enflammées que vos amis qui vous applaudissaient dimanche, qualifient invariablement, lorsqu'elles sont émises par l'un des nôtres, d'excitations à la haine, à l'envie et aux pires passions humaines. »

Et parlant de la formation du clergé : « La formation du clergé, a dit encore M. Naudet, est trop exclusivement cléricale, et pas *suffisamment humaine*. On habitue trop le jeune homme à ne voir un jour dans son ministère que *le rôle surnaturel*, ou plus exactement le côté purement religieux ». (*Vers l'avenir*, p. 68.)

Dans le numéro de la *Justice sociale* du 16 novembre 1901, M. l'abbé Naudet rend un compte détaillé d'une conférence qu'il a donnée *au cours de sociologie catholique du Collège libre des Sciences sociales, sur la femme dans l'ordre civil*, et reproduit même le texte d'une partie de sa conférence. Il s'adresse aux Messieurs et aux Dames et bien certainement il y avait dans l'auditoire, avec les dames, un bon nombre de jeunes filles. Or, voici la morale qu'il a enseignée : « Ici nous envisageons la chose tant au point de vue de la morale chrétienne qu'au point de vue de la morale humaine. Matériellement la faute de la fille tombée, si elle n'est pas accompagnée de circonstances extrinsèques comme par exemple l'adultère, n'est pas *plus grave que la faute du chrétien qui de propos délibéré manque la messe le dimanche* (! !) et si nous regrettons cette faute, irons-nous jusqu'à jeter sur le chrétien qui l'a commise l'irrévocable condamnation de notre mépris... » ?

Et encore :

« Quelles que soient les raisons qui amenèrent sa chute, fût-elle *tombée jusqu'au ruisseau, cette femme est relevée par sa maternité.* Car si elle garde l'enfant, si elle accepte de porter devant tous le poids de son infamie, cette créature est grande qui fait à son amour, à son devoir maternel le plus grand des sacrifices. Et elle pouvait abandonner le fruit de sa faute : l'hospice est ouvert, la loi permet d'y déposer l'enfant. Elle aurait pu le faire et s'en aller, le front haut, reprendre sa place dans l'ordre social. La faute restant inconnue, elle aurait recommencé sa vie heureuse et estimée. Mais non, elle est mère, elle garde sa maternité. Le petit être tient à son cœur. Elle acceptera tout, jusque et y compris le déshonneur. Mais elle fera son devoir. Messieurs, cette femme est *grande, la faute est réparée, ne craignons pas de la saluer en passant*. »

Il résulte de cette morale qu'une femme tombée *jusqu'au ruisseau* est *relevée par sa maternité*; qu'une faute très grave parce qu'elle n'est pas suivie d'une seconde faute très grave qui pourrait être sa conséquence, est complètement effacée et que celle qui a commis la première faute devient ainsi grande et doit être saluée avec respect. On pourrait encore conclure que si cette femme a quatre ou cinq enfants au lieu d'un, pourvu qu'elle ne les abandonne pas, elle est quatre ou cinq fois plus grande et mérite quatre ou cinq fois plus d'être saluée en passant.

Les innovations des nouveaux moralistes et des nouveaux réformateurs de l'Eglise portent sur les questions les plus graves. La *Revue du clergé français* du 1er octobre 1901, dans un article intitulé : « Missions catholiques françaises et missions anglicanes », contient, au sujet du célibat ecclésiastique, des propositions très regrettables que son auteur a essayé en vain de justifier d'une façon satisfaisante. Les raisons qu'il donne du célibat ecclésiastique ne sont certes pas les meilleures et il s'exprime ainsi : « Notre foi n'a donc pas à se troubler en présence des succès de l'anglicanisme. Mais on se demande si le succès de ces missionnaires mariés et pères de famille n'est pas une *preuve palpable évidente de la non-nécessité du célibat ecclésiastique.* » Et après avoir donné les raisons que je viens d'indiquer, il poursuit en ces termes : « Aussi jamais les autorités ecclésiastiques n'autoriseront-elles de *gaieté de cœur* le mariage des prêtres ; elles s'y résigneront tout au plus si les Etats persécuteurs le leur imposent ».

Je n'accuse pas l'auteur de ces paroles de désirer la suppression du célibat ecclésiastique, mais il n'enseigne pas sa haute valeur et ses fruits et il en affaiblit l'estime. Il y a ici un nouvel exemple d'un système de concessions faites au protestantisme et aux erreurs sous toutes les formes. Quels effets ces concessions, comme tant d'autres, ne peuvent-elles pas avoir sur les séminaristes et les jeunes prêtres ?

Un prêtre dont l'apostolat obtient un grand succès dans nos établissements d'instruction secondaire avait décidé la vocation ecclésiastique de deux jeunes gens généreux, pieux et dociles. Il les avait envoyés dans un grand séminaire et les retrouvant une année plus tard, il les entend, stupéfait et épouvanté, formuler avec une assurance qui paraît défier toute contradiction, des propositions telles que celles-ci : « Il est certain que Moïse n'est pas l'auteur du Pentateuque ; on donnera bientôt une notion du surnaturel qui écartera les difficultés ; la science arrivera à expliquer les miracles de l'Evangile ».

Le secret est bien gardé sur les délibérations et les décisions des Congrès de séminaristes. Nous avons cependant appris que dans une de ces assemblées, un séminariste a fait cette merveilleuse découverte : « Il n'y a plus que le peuple et Dieu, et le peuple est la moitié de Dieu ». De telles aberrations sont un châtiment de la justice divine. C'est la folie de l'orgueil.

Mais où allons-nous ? où vont nos séminaristes et nos jeunes prêtres ?

Pour savoir ce que sont les petits journaux qui circulent dans les séminaires, il faut lire les paroles suivantes : « Le supérieur d'un séminaire du nord de la France vient de saisir au passage plusieurs numéros d'une des correspondances lithographiées (1).

« Un exemplaire accompagnant cet envoi propose de faire imprimer le bulletin typographiquement, à partir de janvier. Les adeptes sont priés d'envoyer des articles et de ne pas signer ceux qui pourraient *être compromettants*.

« Il est recommandé, en outre, de s'entourer de beaucoup de précautions pour que le bulletin ne tombe pas dans des mains étrangères, pour qu'*il conserve un caractère essentiellement secret.* »

Il y a là une preuve évidente que plusieurs du moins de ces journaux circulent dans certains séminaires sous la loi du secret et que ceux qui les rédigent reconnaissent qu'ils contiennent des articles compromettants.

(1) D'après des affirmations de gens très intéressés à nier ce très grand péril, il faudrait dire : ce *qu'étaient* ces journaux, car ils affirment qu'ils ont disparu. Je souhaite qu'il en soit réellement ainsi, mais je souhaite plus encore de voir disparaître l'esprit qui les a créés et inspirés et je n'y compte pas. Ces gens très intéressés prétendent aussi que ces journaux ou bulletins étaient presque toujours connus par des Directeurs. Donc, des Directeurs, sans parler des supérieurs et des évêques ne les connaissaient pas. Il paraît certain que quelques jeunes directeurs de Séminaires les favorisaient. Cela démontre l'étendue du mal et le désordre des idées et de la discipline pénétrant partout. Inutile de dire que ces gens très intéressés traitent de *réfractaires* ceux qui n'approuvent pas les séminaristes sociaux et tout ce qui a été fait à l'égard des séminaristes.

*Sur ces paroles qu'il reproduit*, M. l'abbé Dabry a publié, dans l'*Église militante* du 14 décembre 1901, un article dont le titre indique le sens et la portée : « *Bravo! les séminaristes* ».

M. l'abbé Dehon a publié dans la *Chronique des Comités de l'Est* un article intitulé : *Place aux jeunes et à la démocratie chrétienne*, et qui est reproduit avec éloges dans la *Justice sociale* du 9 novembre 1901. Cet article se termine par ces paroles : « Ne vous laissez donc pas troubler, chers séminaristes, par le cauchemar de deux ou trois vieux abbés et chanoines : ils sont en retard de trois quarts de siècle et parfois ils radotent comme de bonnes mamans. Vous avez le Pape avec vous : cela vous suffit ; c'est à juste titre que le congrès de Tarente l'a acclamé comme le plus jeune des papes ».

Je ne déflorerai pas de telles paroles en essayant de les commenter. Cependant serait-il permis à un évêque qui compte vingt-neuf ans d'épiscopat et ne radote point encore, qui a enseigné dix ans dans un grand séminaire et qui n'a cessé, depuis lors, de suivre avec la vigilance la plus active les études ecclésiastiques et la formation du clergé, dont le diocèse possède un grand séminaire, un petit séminaire, des établissements d'instruction secondaire dont la réputation est faite et un clergé qui, au point de vue de la science et du zèle dans le ministère pastoral, de toutes les œuvres charitables et sociales, mérite la haute estime de tous, serait-il permis à cet évêque d'exposer à ses vénérables collègues dans l'épiscopat et au clergé les conséquences inévitables de cette direction plus qu'étrange donnée à nos séminaristes pendant les vacances et même pendant l'année scolaire ?

La première conséquence est la violation flagrante du droit ecclésiastique sur la direction des séminaires. La seconde est le mépris et la suppression de l'autorité des Evêques et des directeurs qui les représentent dans la grande œuvre de la formation du clergé. La troisième est l'enseignement de la défiance et de la déloyauté donné à ces jeunes gens à l'égard de leurs maîtres et de leurs évêques à l'autorité desquels ils doivent échapper le plus possible. L'influence de cet enseignement se fera sentir évidemment dans tout le cours de la vie et du ministère sacerdotal de ces jeunes gens. Quelles difficultés ne peut-elle pas susciter à l'administration des diocèses et quels déplorables résultats ne peut-elle pas produire !

La quatrième conséquence est la plus déplorable division établie entre les séminaristes et les jeunes prêtres d'une part, et de l'autre leurs supérieurs et les prêtres plus âgés, division funeste entre toutes, qui paralysera le zèle, qui créera des obstacles incessants, qui sera le scandale des peuples et la ruine du ministère sacerdotal, division qui se manifestera dans les presbytères et les paroisses, dans nos établissements d'instruction, dans toutes les œuvres importantes et dans tous les diocèses de France.

La cinquième conséquence est le trouble profond

apporté dans ces asiles du recueillement, de la prière, de l'étude et de la charité par les journaux qui y pénètrent et plus encore par les journaux qui sont offerts aux séminaristes pour les vacances, par des discussions non pas seulement sur l'enseignement de la philosophie et de la théologie, sur des méthodes qui ne seront point celles des professeurs, mais sur les questions les plus difficiles et les plus discutées de la politique et de l'économie sociale, discussions rendues cent fois plus ardentes par l'inexpérience et les entraînements de la jeunesse.

Et, une fois encore, au principe de toutes ces conséquences, comme organisateurs de cette transformation de la direction, de l'instruction et de l'éducation du clergé, nous trouvons les prêtres dont j'ai indiqué les erreurs, l'esprit et les tendances.

## IX

### LES LAÏQUES.

Dernièrement, les évêques d'Angleterre, dans une lettre collective qui a été louée par Léon XIII, signalaient parmi d'autres erreurs contemporaines celle-ci :

« Que les laïques devraient avoir de droit une large part au gouvernement de l'Eglise ».

En France, certains laïques se sont arrogé depuis longtemps le droit de diriger et d'enseigner, non seulement les jeunes prêtres et les séminaristes, mais tout le clergé et les évêques eux-mêmes.

Et ce qui est prodigieux, c'est la docilité, la soumission, l'abnégation, l'humiliation d'un grand nombre de catholiques et de prêtres sous la verge de ces maîtres, sous leurs leçons hautaines et parfois sous leurs accusations et leurs injures.

Je parlerai seulement de deux de ces laïques. Ils n'ont le droit ni de s'indigner, ni de s'étonner qu'on leur demande enfin quelque compte de leur mission et de leur autorité et qu'on se lasse enfin d'être enseigné, gouverné, injurié et maltraité par eux. Ils n'ont pas le droit de s'étonner qu'on les arrête dans le rôle qu'ils se donnent d'égarer les séminaristes et les jeunes prêtres.

Le premier est M. Léon Harmel. Voilà plus de vingt ans qu'il prétend enseigner à tous la solution des questions sociales, des questions ouvrières, commenter les enseignements du Pape et ceux de l'Evangile, se donner comme l'idéal du patron chrétien, se passer des évêques et des théologiens. Il s'adresse surtout aux jeunes prêtres et aux séminaristes ; il leur écrit des lettres, il les réunit en congrès au Val-des-Bois ; il est le *patriarche de la démocratie chrétienne* et le *bon père.*

Or, qu'est-ce que ces jeunes prêtres et ces séminaristes vont apprendre au Val-des-Bois ? Serait-ce le respect du clergé plus ancien, le respect des évêques, de leur dignité et de leur autorité ?

Il y a trois ans, le journal *la France libre* de Lyon avait plusieurs fois attaqué des évêques malgré les avertissements de Son Eminence le cardinal Coullié. Son Eminence adressa au Directeur une lettre paternelle pour lui rappeler ses avertissements. Le Directeur répondit par des accusations, des protestations injurieuses qui remplirent trois jours de suite la première page de son journal, et il ouvrit une souscription afin d'établir une manifestation en sa faveur. Il recevait sans retard la dépêche suivante : « Léon Harmel et ses fils, 500 francs, avec l'assurance de leur inaltérable attachement ».

Voici une lettre de M. Harmel à *ses bien aimés amis* et qui fait comprendre ce que doivent être, et les autres lettres qui restent inconnues, et les conversations et les conseils donnés dans les réunions du Val-des-Bois (1).

« Chers Messieurs et permettez de vous dire: *Bien-aimés amis* (!)

« Avec quel bonheur n'aurais-je pas répondu à votre affectueux appel si je le pouvais.

« Du moins, laissez-moi vous dire la joie de mon cœur, en vous saluant, jeunes hommes appelés de Dieu, qui savez répondre avec générosité à cet appel.

« Dans les temps de persécution où nous entrons, il *nous faut des prêtres dévoués. des prêtres dociles à la voix de Jésus-Christ* prolongé dans son vicaire, Léon XIII.

(1) Cette lettre a été publiée par *la Justice sociale,* août 1901.

« Ce noble, ce vénérable vieillard, notre père bien aimé a dans son corps fragile une âme de feu comme celle de saint Paul. Il vous pousse *vers le peuple, vers ce Lazare couvert de plaies*, dépouillé des biens essentiels de la vérité, *gisant sur le seuil de la porte du Clergé pour recevoir l'aumône du corps et du sang* des viandes choisies dont se nourrit le prêtre, l'aumône de la vertu, l'aumône de l'amour !

« Jésus-Christ, ne veut pas que Lazare reçoive seulement la *pitié des chiens* — nous autres laïques qui ne pouvons qu'adoucir les plaies sans les guérir. — Il veut que *le riche* revêtu de lin et de pourpre (vêtement *sacerdotal* et royal) *sorte de sa demeure et se consacre à Lazare. S'il ne le fait pas, il encoure* (sic) *la malédiction de Dieu, et alors se réalise cette parole de saint Jean Chrysostome :* « *pavimenta infernorum capita sacerdotum* ».

« *Si notre peuple de France est tombé où il en est, c'est parce que le riche est resté dans sa demeure, se gorgeant du corps et du sang et ne pensant pas à Lazare.*

« Dans le monde on appelle *cela* des *saints.*

« L'Evangile parle autrement.

« Oui, *mes bien-aimés amis*, vous avez raison de *mépriser les critiques*, ceux qui *blâment les Démocrates chrétiens*, ceux qui *se vengent de ne rien faire* en semant les soupçons malveillants sur ceux qui agissent.

« Quand, de tous côtés, nous aurons une jeunesse sacerdotale, formée à l'apostolat, tel que le veut Jésus-Christ dans l'Evangile et tel que l'interprète Léon XIII, le peuple de France recevra la vérité et la vie : Lazare se lèvera de sa couche de misère et d'humiliation et deviendra le soldat du Christ, le Sauveur de l'Eglise.

« Croyez-moi toujours

« Votre très affectionné :

« Léon Harmel. »

Les séminaristes et les jeunes prêtres vont-ils apprendre au Val-des-Bois ce qu'est en pratique la direction de masses d'ouvriers dans la grande industrie ?

En France et à Rome on croit que M. Harmel dirige de huit à dix mille ouvriers et on l'appelle le grand industriel du Val-des-Bois. Or, il n'a pas 400 ouvriers hommes au-dessus de 18 ans et il a un nombre de moitié moins considérable de femmes et de jeunes filles (1).

Vont-ils apprendre à exercer sur la classe ouvrière un apostolat inspiré par le zèle, mais aussi par l'intelligence et la sagesse ? Ils pourront constater que le Val-des-Bois compte, pour ce petit nombre d'hommes, sept confréries ou associations religieuses. Ils ne trouveront rien de pareil dans les pensionnats les plus pieux et même dans les noviciats des congrégations religieuses. C'est absurde et rien n'est plus efficace pour éloigner les ouvriers de la piété et de la religion. Mais ce zèle

(1) M. l'abbé Dehon, qui est un des plus ardents admirateurs de M. Harmel, l'un de ceux qui vont l'aider, au Val-des-Bois, dans la formation des séminaristes et des jeunes prêtres, dit dans son *Manuel social chrétien* (2e édit., p. 271) : « Le personnel des *ouvriers* de l'usine comprend 610 personnes, dont 400 hommes et jeunes gens et 210 femmes et jeunes filles ». Pour arriver à ce chiffre, il faut compter les adolescents et les adolescentes qui n'ont pas 18 ans.

éblouit les naïfs et tout est là. Voici les titres de ces congrégations d'après la brochure *Le Val-des-Bois et ses Institutions ouvrières, le 21 septembre 1890*, qui a été envoyée aux évêques par M. Harmel : Conférence de Saint Vincent de Paul et Caisse de Famille, — Confrérie du Très-Saint Sacrement, — Tiers-Ordre de Saint-François, — Confrérie de Notre-Dame de l'Usine, — Association du Rosaire, — Confrérie de Saint-Joseph, — Apostolat de la prière. Aussi quel industriel chrétien a songé à imiter un pareil zèle ?

Les séminaristes et les jeunes prêtres vont-ils apprendre auprès du *Bon-Père* à réaliser à la perfection les enseignements de Léon XIII sur le juste salaire, sur la charité à l'égard de l'ouvrier, à l'égard surtout de la femme, de la mère de famille, séduits qu'ils sont par les bruyantes protestations de M. Harmel et des démocrates chrétiens ? Voici ce que les patrons du Nord, accusés avec obstination par M. Harmel, lui répondaient, août 1894, dans une brochure qui a pour titre : *M. Léon Harmel au Congrès de Mouveaux :*

« Si nous prenons pour point de comparaison l'usine de Val-des-Bois, nous trouvons pour la même industrie, que les salaires sont plus élevés de 10 à 15 p. 100 dans la région de Fourmies et de 20 à 30 p. 100 à Roubaix-Tourcoing (1).

(1) On dira peut-être que les ouvriers de M. Harmel habitent la campagne où les dépenses sont moins considérables, mais le prix des denrées alimentaires aux environs d'une grande ville telle que Reims, et par conséquent au Val-des-Bois, est le même que dans la

« M. Harmel étant considéré à juste titre comme un patron modèle qui remplit à l'égard de ses ouvriers tous ses devoirs de justice, d'équité et de charité, on ne peut guère accuser nos patrons de leur être inférieurs et de ne pas se soumettre aux enseignements de l'Encyclique sur ce point capital.

« Mais ce n'est pas tout : au Val-des-Bois, *la filature de laines peignées travaille la nuit.* Il faut, sans doute, des raisons d'une gravité exceptionnelle pour décider M. Harmel a être ainsi la cause involontaire *de la séparation des ménages, de la décadence de la race et des mœurs,* tandis que nos filateurs de laines peignées résistent à

ville, où l'ouvrier a de plus le très grand avantage de pouvoir, sur le marché, choisir des denrées d'un prix inférieur. La seule différence serait sur le prix des loyers, mais certainement à Lille, à Tourcoing, etc., un grand nombre d'ouvriers viennent de la campagne, comme ils vont aussi dans les grandes usines établies hors des villes, à pied, en bicyclette ou par les chemins de fer, à des conditions très favorables. Personne ne songe à diminuer le salaire de ces ouvriers et ouvrières parce qu'ils n'habitent pas la ville. Beaucoup d'industriels ont construit et construisent des cités ouvrières où les ouvriers sont bien logés et pour un prix très peu élevé ; aucun d'entre eux ne songe à diminuer le salaire à des ouvriers qui habitent ces cités. J'ai béni l'année dernière, dans mon diocèse, les magnifiques aciéries d'Homécourt. Les cités ouvrières sont parfaites. Les ouvriers célibataires peuvent faire un petit déjeuner et deux bons repas au restaurant dirigé par les Sœurs de Saint Vincent de Paul et être logé chacun dans une petite chambre chauffée au calorifère et éclairée à l'électricité et ils ont le logement et la nourriture pour 1 fr. 80 par jour. Ceux qui profitent de ces avantages ne voient pas leur salaire diminué. Les patrons ont, de plus, construit deux magnifiques écoles dirigées, à leurs frais, par les Frères des écoles chrétiennes et les Sœurs de Saint Vincent de Paul, et ils accordent aux ouvriers tous les avantages matériels et religieux possibles. Ils ont des milliers d'ouvriers. Ils ne se font point acclamer comme de Bons Pères.

*cette odieuse pratique*. Sur ce point encore on ne peut guère leur reprocher de mal interpréter la pensée de Léon XIII.

« Cependant, pour la vente de leurs produits, nos industries n'ont pas de concurrents plus directs que le Val, et si vous supputez l'avantage énorme qui résulte pour cette maison et de la différence des salaires et du travail de nuit, vous aurez la mesure *des sacrifices que s'imposent nos patrons pour mettre leurs actes d'accord avec leurs doctrines*. Aussi se croient-ils le droit de revendiquer hautement l'honneur d'avoir été les précurseurs de l'Encyclique et d'en être à l'heure présente les fidèles observateurs » (1).

Va-t-on apprendre aux Val-des-Bois la parfaite loyauté dans les relations entre catholiques ?

M. Harmel, accusé d'avoir fait attaquer les patrons du Nord et le Congrès tenu par eux à Mouveaux, écrivait le 30 juillet 1894 : « Je ne me suis jamais occupé d'articles de journaux, qu'ils me blâment ou qu'ils me louent. — Je désire marcher avec vous et je n'ai cure des journalistes ». Et encore, dans une autre lettre : « J'étais bien résolu à ne pas intervenir dans ce débat, car c'est tout à fait contraire à mes principes d'entretenir des polémiques avec les journaux ». Ces lettres sont citées par les patrons du Nord dans la brochure que j'ai déjà indiquée, p. 17 et 25. Et ces patrons disent à la page 17 : « Et cependant, nous lisons dans une lettre écrite par lui (M. Harmel) et envoyée à plusieurs per-

(1) Page 36 et 37.

sonnes, lettre à laquelle la *Semaine religieuse* de Cambrai a fait allusion dans son article du 18 août : « Tous les jours j'écris des lettres dans les journaux ».

M. Harmel apprendra-t-il à ces jeunes ecclésiastiques à obéir aux enseignements si souvent répétés de Léon XIII sur l'union des pauvres et des riches, des ouvriers avec leurs patrons, sur l'appel surtout qu'il faut faire « au bienveillant concours de ceux à qui leur situation, leur fortune, leur culture intellectuelle ou morale assurent plus d'influence dans la société. Si ce concours fait défaut, on pourra difficilement réaliser quelque chose de vraiment efficace pour améliorer comme on le désire la vie du peuple (1) ».

Voici ce que M. Harmel écrivait le 23 juillet 1893, dans le *Bien du Peuple*, de Liège : « Les journaux conservateurs considèrent l'ouvrier comme un être inférieur et dangereux, comme *un servile* pour lesquels l'oppression et la révolte sont les seules alternatives ; craignant la seconde, ils sont *pour la première*... Il n'y a plus que *deux forces sociales : le clergé et le peuple ouvrier ;* c'est en les unissant que nous préparerons la société de l'avenir et les triomphes de Jésus-Christ. Quant aux classes aisées (excepté sans doute M. Harmel et les siens), le *paganisme et la jouissance les ont réduites à l'impuissance* et leur maladresse constante les achève. On me demande de répondre à ces attaques : je ne le ferai pas, ne perdons pas notre temps *à répondre aux morts* ».

(1) Encyclique *Graves de communi*.

Nous avons vu plus haut quel jugement M. Harmel porte sur le clergé et comment il traite les ouvriers (1). Je pourrais citer d'autres faits et d'autres paroles : je m'arrête et je ne parlerai pas en ce moment des pèlerinages de Rome.

L'autre laïque qui veut enseigner et gouverner le clergé, l'épiscopat et l'Eglise, est professeur dans un des grands lycées de Paris. Les articles et les livres que M. Fonsegrive a consacrés à cette grande œuvre ne pourront bientôt plus se compter (2).

Mais quelle autorité a-t-il, quelle science? Qu'est-ce qui justifie, au moins à un certain degré, la confiance que lui accordent des prêtres et des catholiques ? J'ai relevé quelques erreurs dans l'article que M. Fonsegrive avait consacré à justifier l'Américanisme. M. l'abbé Maignen, dans cet article relativement court, a relevé cinq erreurs graves.

En traitant plus haut de l'apologétique, j'ai dit les accusations portées par cet écrivain contre une méthode d'apologétique qu'a louée le Concile du Vatican, et j'ai

(1) Il y a quelques années, à la fin d'un dîner dont les convives étaient assez nombreux, un religieux, voulant constater jusqu'où allait.......l'ambition de M. Harmel, lui adressa quelques éloges et termina en l'appelant le *Pape laïque !* Les amis de M. Harmel, applaudirent avec enthousiasme et lui remercia en pleurant de reconnaissance. Je tiens le fait de ce religieux lui-même qui n'est pas le premier venu.

(2) *Lettres d'un curé de campagne. — Lettres d'un curé de canton. — Journal d'un évêque.*

démontré qu'en admettant, avec M. Blondel, entre la raison et la foi, un *fossé que rien ne peut combler,* M. Fonsegrive rendait non seulement l'apologétique, mais la foi impossibles.

Il me faudrait un volume pour relever les erreurs de M. Fonsegrive sur ces questions dans lesquelles il s'érige en docteur. Je vais citer seulement quelques-unes de ses propositions, extraites d'un seul chapitre de son livre : *Le catholicisme et la vie de l'esprit* où, dit-il lui-même, il reproduit les principales idées d'une conférence qu'il a donnée dans un grand séminaire *sur les conditions de l'apologétique moderne.* Ses amis prétendent que cette conférence a été très applaudie.

« Les principes communs autrefois étaient le principe de causalité, la portée métaphysique de la raison, le respect des faits historiques ; la critique philosophique d'une part, la critique historique de l'autre ont détruit ce terrain commun ; l'incrédulité a reculé au-delà de la foi, elle s'en est prise à la raison elle-même, à la raison métaphysique et spéculative (1). »

M. Fonsegrive veut établir une apologétique en dehors de tous ces principes, ce qui est évidemment impossible, et de plus, ce qui est impossible sans ces principes, ce n'est pas seulement l'apologétique, c'est la foi.

« Qu'est-ce que démontrer *la vérité historique du christianisme*, dit-il encore, sinon faire voir que *la vie*

(1) Page 7.

*intellectuelle de l'homme n'est complète* qu'à la condition d'admettre cette vérité » ? (1).

Voilà une démonstration claire et décisive de la vérité historique du christianisme.

D'après M. Fonsegrive, « la doctrine dominante des temps modernes est que, par le progrès de la science, l'homme arrivera à asservir les forces redoutables de la nature, domptera le malheur, la mort même, trouvera le paradis sur la terre et arrivera à l'apothéose. L'homme, par sa force et par les forces brutes de l'univers, arrivera à se diviniser ». Et il affirme « qu'il y a identité *entre le but final proposé à l'humanité* par le christianisme et celui que lui assigne aussi *la civilisation moderne* ». Et il écrit ceci : « Pour le christianisme encore, comme pour la civilisation et les sciences modernes, le but est bien *la puissance absolue de l'homme sur la matière* (2) ».

Ces erreurs sont très graves et un enfant de nos catéchismes protesterait contre elles.

« Songez que la foi est certitude et confiance, dit cet étonnant théologien, que la charité ne peut vivre sans cela (sans doute sans la certitude et la confiance) et *que donc*, là où manque la certitude, il ne peut guère y avoir que les aspirations *d'une vague charité*, d'un amour *qui ne sait au juste à qui s'adresser* (3). »

(1) Page 11.
(2) Page 18 et 19.
(3) Page 26.

Voilà une étrange démonstration de la nécessité de la foi surnaturelle, par une charité qui n'a rien de surnaturel, et si elle était surnaturelle, il y aurait dans cette prétendue démonstration, une pétition de principes.

« L'homme doit choisir entre vivre en homme et vivre en bête : la première condition de la vie vraiment humaine est la mortification (!) — la seconde est la *coopération*, l'*assistance extérieure, la grâce* (1). » Donc, la grâce appartient à la vie humaine de l'homme ; donc elle n'est pas surnaturelle.

M. Fonsegrive nous dit encore (chapitre suivant), avec M. Blondel, « qu'une apologie ne saurait *en aucune manière être une démonstration*, si, par démonstration, on devait entendre, ce qu'il semble bien que réclament un *trop grand nombre d'apologistes*, une suite de pensées dont l'*articulation* (!!!!) du dogme chrétien serait la *conclusion nécessaire* (2) ». A quoi peut servir l'apologétique si elle n'est pas une démonstration ? Et qui nous dira ce qu'est une *articulation* (!) du dogme chrétien et une articulation qui est une conclusion ?

M. Fonsegrive n'a pas les notions les plus élémentaires des questions qu'il traite avec tant d'audace. C'est ce qui peut être dit de plus favorable.

Quelles sont ses doctrines sur les questions sociales ? Lui qui, avec ses amis, proteste sans cesse contre les

(1) Page 28.
(2) Page 61.

*réfractaires*, que fait-il des *enseignements* de Léon XIII ? Je ne donnerai qu'un texte, mais il suffira.

« Il y a, ainsi qu'on l'a dit, des hommes dirigeants, il n'y a plus aucune classe qui mérite d'être appelée véritablement dirigeante.

« Et ces hommes dirigeants même, quel doit être leur but dans une démocratie véritable ? C'est d'arriver à élever tellement ceux qu'ils dirigent qu'ils finissent par leur apprendre à *se diriger eux-mêmes*. L'idéal de toute démocratie est l'ascension du peuple, de tout peuple, vers l'*autonomie*. C'est cet idéal que visaient les congressistes de Reims et que dans leurs esprits un peu jeunes ils supposaient déjà *réalisé pour eux-mêmes*. Ils se sont trompés, M. de Mun a eu bien raison de le leur rappeler. Leurs camarades et leurs amis ont refusé de les suivre. Ceux qui s'appellent les « intellectuels » du parti n'abdiqueront pas volontiers la direction. Peut-être jamais les conditions humaines du salariat ne permettront-elles cette autonomie complète des salariés. Elle n'en demeure pas moins *un idéal que l'on peut, que l'on doit peut-être se proposer*. L'idéal pour les uns est un bon tyran ou un patron excellent ; ceux-là ont l'esprit monarchique et l'infirmité réelle de la nature humaine fait leur conception plausible ; pour les autres l'idéal est le gouvernement de tous par tous, l'administration de l'industrie par *les coopérateurs eux-mêmes*, *la suppression du patron comme patron*, *ceux-ci ont l'esprit démocratique*, ils estiment plus savoureux le pain qu'on se donne à soi-même que celui qu'on reçoit d'autrui et la dignité idéale de la condition de l'homme fils de Dieu, racheté du sang du Christ, fait que leur système *peut se défendre*. M. de Mun penche du côté des premiers. Les *démocrates chrétiens sont résolûment avec les seconds*. Il y a là évidemment une divergence de vue, une conception différente de l'idéal (1). »

M. Fonsegrive, dans deux ouvrages : *Lettres d'un curé de campagne* et *Lettres d'un curé de canton*, a donné des leçons au clergé. Dans un autre ouvrage : *Le Journal d'un évêque*, il a daigné en donner aux évêques. Voici le jugement qu'il prête à un archevêque de France sur les évêques, ses collègues. Rien ne démontre mieux les sentiments de M. Fonsegrive, la voie dans laquelle il essaie de pousser le clergé et même l'épiscopat et ce qu'est en réalité et au fond le rôle qu'il joue depuis longtemps.

« Nous n'avons pas le sens politique, (c'est l'archevêque qui parle), nous parlons quand il faudrait nous taire, nous nous taisons quand il faudrait parler, quelques-uns ne cessent de parler et quelques autres se taisent toujours, surtout personne n'agit. Nous sommes des administrateurs, des bénisseurs, nous ne pouvons pas donner une âme commune au corps qui nous est confié....

« Nous présidons des œuvres, nous construisons des

(1) *Catholicisme et Démocratie*, p. 51, 52.

églises, nous ordonnons des prêtres, nous confirmons des fidèles, nous faisons des mandements et nous bénissons des cloches. Mais nous ne faisons pas *pénétrer l'esprit de Dieu dans les masses, nous ne parvenons même pas à l'insuffler à ceux des fidèles qui nous écoutent le mieux. L'avons-nous nous-mêmes ?*

« Ah ! mon ami, quelle douleur de penser à ce que l'on doit faire, à ce que l'on ne fait pas, à ce que l'on ne peut pas faire... à ce que l'on ne veut pas faire ! » (1).

Par cette condamnation en masse de l'épiscopat français, on peut juger l'esprit et le but de M. Fonsegrive.

Et où sont, selon lui, le remède et le salut ? Quels seront les évêques dignes de tous ses éloges ? Ceux qui se conformeront au modèle qu'il propose. Ce modèle est le candidat à l'épiscopat qui est le héros de M. Fonsegrive. Ce héros, ce modèle de l'épiscopat va chez le Nonce qui lui dit : « La politique exige qu'on ne rende pas toujours les coups que l'on reçoit. Qu'en pense M. l'archiprêtre ? » — « Monseigneur, répondis-je, (c'est le candidat à l'épiscopat qui parle) *la seule bonne politique est celle qui réussit.*

« Or, il est bien aisé de voir que celle que suivent, dans ce pays, les catholiques, n'est pas bonne, puisqu'*elle ne réussit pas,* puisqu'elle ne paraît pas plus près de réussir aujourd'hui qu'il y a trente ans. » (2)

(1) *Journal d'un évêque*, 1er vol., pag. 2.
(2) *Ibid.*, pag. 27.

Ainsi, pour ce futur évêque, la meilleure politique est *celle qui réussit* ! C'est le principe : le succès justifie tout. Belle, noble et surnaturelle morale pour un évêque ! Nous allons voir le candidat à l'épiscopat mettre cette politique en pratique pour son avantage personnel.

Le même archiprêtre subit un interrogatoire, un examen de la part du Directeur des cultes qui lui demande quelles sont ses relations avec « son député et son sénateur (de son arrondissement), tous deux de la plus pure nuance gouvernementale ». L'archiprêtre répond :

« M. le député et M. le sénateur sont très serviables, leur vie privée est irréprochable et leurs femmes sont d'excellentes chrétiennes. Ils habitent tous les deux sur ma paroisse et je n'ai personnellement qu'à me louer d'eux.

— « Vous n'avez jamais eu avec eux de différends ?

— « Je n'ai pas eu d'occasion. En réalité, *nous sommes au mieux*. Ils ont obtenu *pour mon église tous les fonds dont j'ai eu besoin*.

« Ils *dînent chez moi*, je *dîne chez eux*, leurs femmes quêtent à l'église...

— « Alors vous faites voter pour eux ?

— « Mais je ne fais voter pour personne. Ces Messieurs ne le demandent pas eux-mêmes.

— « Pourtant ils ne doivent pas tout à fait vous plaire ? Ne sont-ils *pas francs-maçons* ?

— « *Je ne les crois pas très dévots*, dis-je en riant, mais *il y a pire*.

— « Cependant leurs votes ne doivent pas toujours vous aller ?

— « J'ai toujours pensé, M. le Directeur, que quand on ne *peut rien aux choses, le mieux est de n'y pas penser, Ces messieurs votent à leur guise. Je n'y puis rien. Qu'importe, après, mon avis?*

— « Si vous étiez le maître, vous changeriez cependant les choses ?

— « *Quelles choses?* repris-je de plus en plus étonné. M. le Directeur veut s'amuser un peu d'un pauvre curé.

. . . . . . . . . . . . . . . . . . . . . . .

« Mais que voulez-vous que je vous dise, M. le Directeur? assurément nous sommes souvent tracassés et les lois ne sont pas *tout à fait justes pour nous.* Mais comme ni vous ni moi n'y pouvons rien faire, que nous *servirait-il d'en parler?*

. . . . . . . . . . . . . . . . . . . . . . .

— « Et n'admettez-vous pas que les prêtres doivent un service militaire analogue, sinon identique, à celui que doivent les autres ?

— « Mon Dieu, M. le Directeur, les questions ainsi posées sous leur forme générale, *on pourrait s'entendre.* Mais c'est dans le détail, dans l'application que la justice et l'égalité même ne se font pas voir.

. . . . . . . . . . . . . . . . . . . . . . .

— « Enfin, je vois que du moins *vous comprenez les nécessités du temps* et que *vous n'êtes pas de ceux qui font de l'opposition quand même.* » (1)

(1) *Journal d'un évêque*, 1 vol. pag. 36 et 37.

Voilà le modèle de l'épiscopat futur. Ce prêtre, au lieu d'être élevé à l'épiscopat, devrait être très sévèrement réprimandé par son évêque : il n'est pas digne des fonctions d'archiprêtre qu'il remplit. De telles défaillances n'obtiennent que le mépris des catholiques et même de ceux auxquels sont faites ces déplorables concessions ; elles préparent de lamentables trahisons. Et voilà les hautes, nobles et surnaturelles leçons que ce laïque, cet universitaire donne au clergé et à l'épiscopat ! Il faut avoir plus que de la résignation et de l'humilité pour tolérer de telles audaces et des tentatives si coupables.

Il y a évidemment quelque chose d'étrange dans le rôle que se donne ce laïque, si mal préparé à tous égards, d'enseigner et de diriger les séminaristes, le clergé et les évêques. Mais ce rôle a un côté plus étrange encore.

Personne n'ignore que, depuis bien des années déjà, les fonctionnaires de l'Université, comme les autres, sont soumis au point de vue religieux à une surveillance active et parfois à des ordres sévères et à des mesures rigoureuses. Personne n'ignore que, depuis un temps déjà considérable, cette vigilance et ces mesures ont été plus sévères et plus rigoureuses encore, que tous les fonctionnaires jusqu'au plus humble, que leurs femmes elles-mêmes sont surveillés au point de vue de toutes leurs manifestations religieuses. Or, voici un universitaire qui, depuis bien des années, et toujours avec une ardeur croissante, écrit dans les journaux catholiques, dirige une revue catholique, on pourrait dire ecclésiastique, qu'il a fondée, parle dans les Congrès catholiques, y préside des sections, traite de toutes les questions qui concernent le clergé et de toutes les questions qui élèvent des conflits entre le Gouvernement et les catholiques, fait des conférences dans les Grands-Séminaires, avec la liberté la plus complète ! M. Fonsegrive pourrait-il expliquer ce mystère? Pourrait-il communiquer son secret à tant de fonctionnaires qui, eux, bornent leurs désirs à aller librement à la messe et à envoyer leurs petites filles chez des religieuses ?

Quelques-uns diront peut-être que je découvre et que je dénonce M. Fonsegrive. Ceux-là pousseraient la naïveté plus loin que tous les autres. Ils admettraient que le Gouvernement, qui surveille les femmes des douaniers et des gendarmes dans nos villages, ne sait pas ce que fait, ce que dit et ce qu'écrit M. Fonsegrive. C'est comme si on reprochait à ceux qui demandent que Nancy soit fortifié, d'apprendre à l'Etat-major allemand qu'il n'y a pas de fortifications autour de Nancy.

D'ailleurs, si le Gouvernement imposait à M. Fonsegrive de borner son zèle à l'Université, au lieu d'enseigner les séminaristes, les prêtres, les curés et les évêques, ses élèves n'y perdraient rien et nous y gagnerions beaucoup.

Il est navrant de voir des laïques et de tels laïques s'arroger de pareilles missions et des catholiques et des prêtres les aider et les applaudir. Plus ces laïques multiplient les actes de leur audace, plus leurs affirmations sont déplorables et plus leurs erreurs sont graves, plus ils sont suivis et admirés.

## X

### LES APOSTATS

Les Apostats, les prêtres qui renoncent à l'Eglise catholique et à leur sacerdoce pour devenir les adeptes de l'hérésie et de la libre pensée, sont nombreux, hélas ! depuis quelques années, dans le clergé de France.

Quelles sont les causes de ces apostasies ?

Ecoutons un de ces prêtres les plus connus, M. Charbonnel. Après avoir cité les principaux apôtres de l'Américanisme, il disait : « Sans nul doute, *je dois aux idées que ces hommes représentent mon « apostasie »*, si l'on veut, et moi je dis : ma libération. Mais il fallait ajouter à ces idées ce qui n'est que de moi et ne saurait être attribué à d'autres : un acte de volonté loyal et sincère.

« Ayant bien reconnu mes illusions et que toute évolution libérale du catholicisme est impossible, je quittai l'Eglise. Assurément, *la logique de l'Américanisme doit aboutir à cette conclusion :* car rien n'est plus contraire que l'Américanisme aux principes catholiques. Oui, la séparation ! Oui, le schisme, le schisme ! Si les temps ne sont plus où les schismes se font par la masse du peuple, des individualités seront schismatiques et rompront avec l'Eglise. C'est la menace fatale (1). »

Admettons que M. Charbonnel essaie de justifier en quelque façon son apostasie, il y a là des accusations terribles et qui ne s'accordent que trop avec les affirmations de M. Sabatier que j'ai reproduites au commencement de cette étude.

Je citerai ces déclarations d'un autre prêtre apostat, dans le *Chrétien français* (avril 1901) :

« M. Sabatier a exercé une grande influence sur notre jeune clergé, qui étudie et se rend compte. On voyait souvent des soutanes à ses cours, son cabinet était assailli par les prêtres. Je ne parle pas des anciens prêtres, il était un père et un ami si dévoué pour eux tous, que le *Chrétien français* considère comme un deuil cette mort.

« Il avait le don de nous comprendre, de deviner nos crises de conscience, de les analyser et de nous soulager en nous faisant renaître à la foi et à la vie religieuse. D'où venait ce don, si puissant chez lui, si rare chez les pasteurs protestants ? Etait-ce sa profonde connaissance de la théologie catholique ? D'autres pourraient en avoir autant. Combien de prêtres connaissent le cabinet du directeur de la faculté de théologie, ou sa maison si hospitalière ! Que de confidences il a reçues et sur com-

(1) Numéro du 1er octobre 1899, de la *Revue chrétienne*, revue protestante.

bien de cœurs troublés il a versé sa paix ! En dehors de cette action individuelle sur les consciences, c'est sur l'ensemble du clergé que M. Sabatier a agi surtout par ses écrits. »

Voici un autre témoignage. Je suis convaincu qu'il y a ici de l'exagération, mais la part de vérité, quelque réduite qu'elle soit, est encore navrante, et sans aller jusqu'où vont ceux qui sont ici dénoncés, un certain nombre de prêtres ne sont-ils pas quelque peu dans la même voie ?

Dans une des feuilles les plus foncièrement impies de ce temps, un prêtre a décrit comment la foi se perd en certaines paroisses par le fait de prêtres qui, comme lui, ont perdu la foi.

« Il est, dit-il, des prêtres exerçant le ministère qui ne croient même plus au catholicisme. Certains sont protestants, d'autres sont indifférents et avachis. Les uns et les autres décatholicisent peu à peu leurs paroisses et leur entourage. Prêchant ce qui leur semble bon, ils laissent sous un silence suffisamment significatif tous les points propres au catholicisme ; la matière est assez abondante et ils n'ont qu'à gloser sur le Nouveau Testament pour enseigner de bonnes choses *qui sont acceptées même par les philosophes*. Quand ils auront passé quelques années sans jamais avoir, même aux enfants de la première communion, prêché un *mot ni de la Vierge*, ni *du Pape*, ni des *dogmes de l'Eucharistie*, de la *confession*, etc., sauf ce qui prête le plus aux objections, leurs paroisses seront passablement décatholicisées. On sent autour d'eux qu'ils ne sont guère catholiques et cela seul fait plus de mal au catholicisme que tous les efforts des adversaires du cléricalisme. »

Ce sont les révoltes contre la foi, contre la discipline et l'autorité de l'Eglise qui ont conduit dans ces dernières années, un grand nombre de prêtres à la libre pensée, mais surtout au protestantisme. Je ne demanderai des témoignages qu'au seul numéro du *Chrétien français* du 2 janvier 1902 que j'ai cité plus haut, au sujet du congrès de Bourges. Ces nombreux témoignages sont insérés sous ce titre : *Œuvre du Chrétien français, revue des deux dernières années*. Ce journal a soin de dire que ce ne sont là que quelques faits et quelques témoignages et non une revue complète. Je choisis trois ou quatre textes qui suffiront. Je ne donnerai pas les noms des prêtres transfuges, mais le nom de leurs diocèses et la date de leurs lettres. En voici un, du diocèse de Paris, qui écrit le 1er octobre 1899 : « C'est l'esprit mort aux enseignements de l'Eglise de Rome et le cœur ouvert à la vie en Jésus-Christ que je vous ai quitté. Vous le savez, je ne pouvais plus croire et vous ne pouviez que me plaindre sans répondre à mes objections. Je l'ai bien senti ; j'avais la vérité ; je suis parti à la garde de Dieu. Oui, l'Eglise romaine n'est qu'une résurrection du césarisme ».

Un prêtre du diocèse de Chambéry écrit le 28 octobre 1899 à son archevêque : « Pour obéir à la voix de ma conscience, je vous adresse loyalement et simplement aujourd'hui la démission de membre du clergé de votre diocèse... Je n'ai pas tardé à rencontrer l'injustice et l'intolérance là où je n'aurais dû trouver que la véritable charité de Jésus-Christ. J'ai entendu enseigner du haut de la chaire une vérité trop humaine pour être divine. Ce n'est point ainsi évidemment que Jésus-Christ dirigeait les âmes, les conduisait dans la voie du salut ».

Celui-ci, du diocèse de Bordeaux, s'adresse à Monseigneur l'archevêque, le 3 février 1900 : « Je ne puis plus croire. J'obéis à ma conscience, je sors du clergé. Il ne m'est plus permis de vivre en prêtre dans le monde, je saurai toujours y vivre en honnête homme et en bon chrétien ».

Celui-là, du diocèse de Paris, le 4 novembre 1899, remercie le directeur du *Chrétien français* : « J'éprouve une profonde reconnaissance pour vous, Monsieur, qui avez préparé l'asile de Sèvres (où sont reçus les prêtres transfuges), pour M. Sabatier, qui met si généreusement son cœur et son intelligence au service de nos frères, et pour tous ces amis inconnus qui nous aident de leurs deniers et de leurs sympathies ».

En voici un qui, dans une lettre du 17 mars 1900, résume en quelques mots les idées et les tendances que j'ai signalées dans tout le cours de cette étude : « Qu'il ne soit plus question de courber le prêtre sous la mitre, de briser les ressorts de son intelligence, d'atrophier son cœur, de détruire toute initiative personnelle, de noyer la foi dans une casuistique ridicule, d'outrager orgueilleusement l'auteur de la nature par des exigences contre nature, de mettre en marge de la société l'homme qui prétend la conduire ».

Dans un autre journal du même genre, l'*Etincelle religieuse et libérale* (1), je lis ce qui suit :

« L'épiscopat indigne, le sacerdoce abêti, ignorant, corrompu et corrupteur (il y a de nobles exceptions, je pourrais compter par diocèse dix prêtres savants et saints, les deux se tiennent), l'épiscopat et le sacerdoce se réformeront dans la science et la sainteté, ou s'abîmeront dans la honte et disparaîtront sous le mépris universel.

« Qu'on ne dise pas que nous nous séparons de l'Eglise : nous reconnaissons le successeur de Pierre comme chef de l'Eglise universelle, *qu'il soit à Rome ou ailleurs*, il maintient haut le flambeau de la foi, conserve les dogmes, les explique et les dévoilera à leur heure, il maintient le lien entre toutes les Eglises, *mais ce n'est pas son office de nous gouverner, de nous tyranniser, de nous exploiter*, nous n'avons que faire de ces congrégations, amas d'abus antiques, mais de bon rapport ; nous désirons que le Saint-Esprit ne se fourvoie pas à perpétuité dans une cervelle italienne, pleine de duplicités, nous voulons partout des *Eglises nationales, unies entre elles, mais indépendantes de tout contrôle étranger.*

(1) L'*Etincelle religieuse et libérale, organe de l'union des Eglises*, n° d'août 1901. Ce journal est envoyé à un très grand nombres de prêtres dans tous les diocèses de France ; il déclare être en relations d'échange avec 40 journaux ou revues qu'il cite.

« Nous n'avons pas cessé d'être, nous sommes et nous serons toujours Catholique, Apostolique, Français et Indépendant. Que signifie cette bêtise de Romain ? Où donc chantons-nous cela dans notre Credo ?

« Puisqu'il y a des églises nationales dans tout le monde civilisé, pourquoi n'y en a-t-il pas en France ?

« Nous sommes plusieurs *prêtres catholiques décidés à la fonder de suite,* si c'est possible, ou quand il plaira à Dieu. Une pétition qui se trouve dans nos bureaux est déjà couverte de signatures qui demandent cette Eglise. Nous en donnerons le texte prochainement. Les fidèles ne nous manqueront pas à Paris comme dans toute la France ; c'est par millions qu'il faut compter les âmes dégoûtées de tout ce qui se passe dans nos églises........

« Nous voudrions avoir dès demain cette Eglise catholique, française et indépendante ; cela dépend de vous, nos chers abonnés, cela dépend d'une âme qui lira cet article, nous comprendra et sera inspirée de nous aider dans notre œuvre si belle et si pleine d'avenir. »

Je pourrais faire bien d'autres citations. Mais quel est le nombre de ces prêtres transfuges ? Voici l'affirmation que je trouve dans le numéro déjà cité du *Chrétien français* : « Aujourd'hui le clergé français compte un bataillon de cinq cents évadés ; un millier (le journaliste écrit en note : ce chiffre est doublé aujourd'hui) de prêtres en fonction dans divers diocèses sont abonnés plus ou moins ouvertement. Il ne nous est pas possible de compter le nombre de ceux qui l'achètent au numéro ou se le procurent indirectement ».

Il faut faire certainement ici encore une part à l'exagération, mais en faisant cette part très large, la situation reste *absolument effrayante* et il est impossible que ceux qui ont la charge et la responsabilité de l'Eglise de France ne s'occupent pas de cette situation et ne s'efforcent pas d'y porter remède.

Toute la démonstration que je viens d'établir indique les principes et les causes de ces défections : ce sont les atteintes portées à la foi et à la discipline dans l'Eglise de France. Mais j'invoque de nouveau la confirmation éclatante qui me vient de l'autorité et des enseignements de Léon XIII. Voici comment il explique dans sa lettre au clergé français les défections sacerdotales qui nous désolent :

« Ne serait-ce pas pour avoir, par un zèle présomptueux, mis de côté les règles traditionnelles de la discrétion, de la modestie, de la prudence sacerdotales, que certains prêtres traitent de surannés, d'incompatibles avec les besoins du ministère dans le temps où nous vivons, les principes de discipline et de conduite qu'ils ont reçus de leurs maîtres du grand séminaire ? On les voit aller d'instinct au-devant des innovations les plus périlleuses de langage, d'allures, de relations. Plusieurs, hélas ! engagés témérairement sur les pentes glissantes où, par eux-mêmes, ils n'avaient pas la force de se retenir, méprisant les avertissements charitables de leurs supérieurs ou de leurs confrères plus anciens et plus expérimentés, ont abouti à des apostasies qui ont réjoui les adversaires de l'Eglise et fait verser des larmes bien amères à leurs évêques, à leurs frères dans le sacerdoce et aux pieux fidèles. »

Une fois encore, ces paroles de l'auguste Pontife sont le résumé de la démonstration que je viens d'établir au point de vue des périls de la discipline et de la soumission à l'autorité.

Léon XIII rappelle les apostasies qui ont réjoui les adversaires de l'Eglise et fait verser des larmes bien amères à leurs évêques et aux pieux fidèles ; et pourquoi ces défections ? *Parce que les prêtres qui succombent ainsi se sont engagés témérairement sur des pentes glissantes, méprisant les avertissements charitables de leurs supérieurs et de leurs confrères plus anciens et plus expérimentés.* Et quelles sont ces pentes glissantes qui conduisent à l'apostasie ? *C'est un zèle présomptueux qui met de côté les règles traditionnelles de la discrétion, de la modestie et de la prudence sacerdotales.* Ce sont les *innovations les plus périlleuses* de langage, d'allure et de relations, ces innovations qui doivent mettre l'action des prêtres d'accord avec les *prétendus besoins du ministère dans les temps où nous vivons.* C'est *le zèle présomptueux qui traite de surannés et incompatibles avec ces besoins les principes de discipline et de conduite que ces prêtres ont reçu de leurs maîtres du grand séminaire.* En un mot, c'est la transformation par un zèle présomptueux et aveugle des conditions du clergé français, de l'enseignement et de la formation des jeunes prêtres, ces innovations de discipline et de formation sacerdotale qui ont pour auxiliaires et pour principes des innovations plus déplorables encore que Léon XIII a condamnées auparavant dans cette même lettre au clergé français, innovations en philosophie, en théologie, dans la critique et l'interprétation des livres saints, dans l'apologétique et qui atteignent même les dogmes fondamentaux de la foi chrétienne.

Et qui sont-ils, les apôtres, les promoteurs, les organisateurs de ces innovations? Ce sont ceux qui nous parlent à chaque instant des *directions pontificales* et qui accusent tous les jours d'être des *réfractaires*, — ils entendent par là des *révoltés*, — tous ceux qui se permettent de ne pas penser comme eux sur une question quelconque et surtout sur toutes leurs innovations, leurs tentatives et leurs tendances. Après avoir interprété à leur gré les directions pontificales qui concernent quelques points de conduite, que font-ils des *enseignements solennels et même dogmatiques* de Léon XIII, de ces enseignements que j'ai rappelés du commencement à la fin de cette démonstration? Qui sont-ils, sinon ceux qui se sont appelés eux-mêmes et qui s'appellent tous les jours les *démocrates chrétiens*? Si quelqu'un de ces écrivains dont j'ai signalé les erreurs, tel que M. l'abbé Loisy, n'a pas fait, que je sache, profession expresse d'être un démocrate chrétien, c'est dans les revues des démocrates chrétiens qu'il a publié ses écrits, c'est par les revues et par les journaux des démocrates chrétiens qu'il a été soutenu, loué, exalté.

En présence de ces périls qui attaquent la foi et la discipline, qui conduisent tant de prêtres aux abîmes et menacent par conséquent l'avenir du clergé et de l'Eglise de France, le silence et l'inaction sont impossibles.

Je suis convaincu que les déclarations et les actes isolés des évêques n'auront ni l'autorité, ni la puissance de conjurer ces périls, de vaincre l'obstination de ceux qui les déchaînent sur nous, d'arrêter le mouvement qui emportera le clergé et avec lui le peuple de France sur des pentes glissantes et fatales.

Les évêques de tous les pays du monde publient des déclarations et des lettres collectives. Naguère, c'étaient les évêques d'Angleterre, puis ceux d'Autriche-Hongrie, et le Pape les a félicités. Hier, c'étaient quarante évêques du Nord de l'Italie qui publiaient leurs observations contre le projet de la loi du divorce. Ils seront certainement suivis par tous leurs collègues italiens.

L'épiscopat français serait-il seul condamné au silence et à l'impuissance? Il s'agit ici de nos droits les plus évidents, de nos devoirs les plus essentiels. Il s'agit de questions absolument religieuses et ecclésiastiques.

En usant de son autorité dans ces graves questions, l'épiscopat répondrait même aux vœux et aux sollicitations des démocrates chrétiens. Dans le numéro du 7 novembre 1901, la « *Voix du siècle* » sous le titre de « *Démocratie chrétienne* » s'exprimait ainsi : «M. l'abbé Six dans la *démocratie chrétienne* fait les déclarations suivantes auxquelles on ne saurait trop faire écho afin de dissiper les malentendus soigneusement entretenus par la mauvaise foi des partis La *Voix du siècle* reproduit en entier l'article de M. l'abbé Six dont voici la conclusion. Après avoir affirmé que les *démocrates chrétiens* sont attaqués et suspectés, même dans l'intégrité de leur foi, non par des ennemis mais par leurs frères, il supplie l'autorité de juger le débat et termine par ces paroles : « Les démocrates chrétiens supplient humblement l'autorité d'attraire ces conflits à son propre tribunal, le seul ayant droit, mission et compétence, et ils lui promettent à l'avance soumission et respect.

« Ils demandent l'union dans la charité par l'autorité. A leur humble avis, si l'autorité ne nous impose l'union nous ne l'aurons jamais et l'on peut pleurer sur la France. »

Ces sentiments sont dignes de tous les éloges et je joins ma prière à celle des démocrates chrétiens.

Pour moi, j'affirme une fois de plus que je suis disposé à accepter tout moyen qui paraîtra le plus efficace pour sauvegarder nos droits et accomplir nos devoirs.

Mais puisqu'il faut, dans de telles questions, arriver à une conclusion pratique, me serait-il permis, avec toutes les réserves possibles, de soumettre à mes vénérés collègues une dernière pensée ?

Il ne s'agirait point évidemment d'une œuvre pareille à celle que je viens d'accomplir. Ce que je viens de faire est une démonstration qui exige évidemment des documents et des preuves. L'œuvre de l'épiscopat français serait une déclaration ou un jugement. Il serait l'application des enseignements de l'Eglise et surtout des enseignements récents de Léon XIII, aux doctrines erronées, aux tendances dangereuses, aux innovations et aux tentatives coupables. Cette déclaration pourrait être suivie de certaines décisions.

Cette déclaration, rédigée après entente, par les Eminentissimes Cardinaux, serait proposée à la signature des évêques. Appuyé ainsi sur l'autorité de l'épiscopat français tout entier, chaque évêque prendrait ensuite dans son diocèse les mesures qu'il croirait nécessaires ou opportunes.

J'ai fini. J'ai accompli la tâche difficile et douloureuse que je m'étais imposée. Je demande pardon à mes vénérés collègues de l'initiative que j'ai prise. J'en ai la ferme confiance, les sentiments qui me l'ont inspirée, les redoutables périls qui nous menacent me serviront d'excuse auprès d'eux. Pour conjurer ces périls, j'ai recours aux lumières de leur sagesse, aux ressources de leur zèle et à l'action de leur autorité.



Nancy. — A. Crépin-Leblond, imprimeur-éditeur, 21, rue St Dizier

# LETTRE A Mgr TURINAZ

ÉVÊQUE DE NANCY



Paris, 13 février 1902.

Monseigneur,

On me communique votre brochure sur les *Périls de la foi* (1). J'y suis vivement et à plusieurs reprises pris à parti. Les accusations de Votre Grandeur n'atteignent pas seulement l'écrivain et le publiciste, elles sont trop graves, elles entachent trop mon honneur d'homme et de chrétien pour que je puisse me taire. J'ai pu jadis, par déférence pour votre autorité épiscopale, garder le silence devant un acte émanant de cette autorité. Aujourd'hui, en présence d'une brochure imprimée et distribuée par vos soins qui ne revêt pas les mêmes formes, si je me taisais, je paraîtrais accepter les accusations portées contre moi, et Votre Grandeur me permettra de montrer ici pourquoi je ne le puis pas.

Je me contenterai, en premier lieu, de relever les opinions que vous m'attribuez et que je n'ai jamais professées.

I. — A votre page 8, ligne 16, vous dites que dans l'affaire de l'Américanisme ma thèse consistait à amener cette conclusion : « Que le Pape a manqué de clairvoyance, de droiture et de justice. » — J'aurais donc gravement injurié le Saint-Père et vous l'avez dit expressément ailleurs.

A cela je n'ai qu'un mot à répondre. C'est que moins d'un an après ces accusations, alors qu'elles ne pouvaient être oubliées — et j'avais pris soin qu'elles ne le fussent pas, — j'ai eu l'honneur d'être reçu par le Saint-Père en audience privée, que cette audience s'est prolongée près d'une heure et qu'elle s'est terminée non seulement par la vive expression de la bonté paternelle de Léon XIII, mais par le don que Sa Sainteté a daigné me faire de son portrait en un camée encadré d'or et enrichi de brillants. D'où je me suis cru en droit de conclure que Léon XIII n'avait jamais vu en moi l'insulteur qu'on avait dit. Et dans cette audience même Léon XIII avait la bonté de m'entretenir de la conférence que, sur son autorisation expresse, je devais faire deux jours plus tard dans son Palais de la Chancellerie devant cinq cardinaux dont aucun, je pense, pas plus que le Saint-Père ne m'a regardé comme un insulteur de la Papauté.

II. — Vous dites (p. 35, l. 5) que je « repousse dédaigneusement la méthode apologétique traditionnelle ».

Entre beaucoup d'autres passages, je me contenterai, pour montrer comment ici j'ai été compris, de citer celui-ci tiré des pages mêmes que Votre Grandeur condamne :

« Et ici, qu'on entende bien! De ce que, pour obéir aux nécessités d'une tactique nouvelle, on laisse pour le moment un terrain inoccupé, il ne s'ensuit pas qu'on l'abandonne. Les miracles sont contestés, le principe de causalité est contesté, nous consentons donc à n'en pas parler d'abord, à ne les faire entrer en ligne de compte dans nos arguments que lorsque l'adversaire sera disposé à les accepter, mais cela *ne veut pas dire que nous les abandonnions pour notre compte* et qu'obligés d'accepter le terrain étroit des prémisses indiscutées du kantisme, pour discuter Kant, nous admettions par là même le kantisme. *Ce ne sont pas des concessions que nous faisons à nos adversaires*, c'est un premier terrain d'entente que nous cherchons, un premier anneau où accrocher nos conférences et nos pourparlers. Nous n'abandonnons ni la métaphysique, ni les miracles, *nous croyons que la preuve classique du surnaturel du catholicisme conserve sa vérité et sa force démonstrative pour des intelligences*

(1) Gr. in-8°, 102 pages. Nancy et Paris.
(2) *Le Catholicisme et la vie de l'esprit*, p. 8-9.

*qui ne sont pas encore faussées.* Mais quoi! avant de proposer cette preuve à de telles intelligences, ne faut-il pas d'abord les redresser et pouvons-nous exiger des yeux malades qu'ils affrontent la lumière du plein midi? — Il faut traiter nos contemporains comme ces malades (2). »

Voilà donc comment je « repousse dédaigneusement la preuve traditionnelle » et c'est en disant que c'est la seule qui convienne à des esprits sains.

III. — Vous citez encore, Monseigneur, cette parole de moi : Il existe « entre la raison raisonnante et la foi un fossé que la théologie constate et que rien ne peut combler (p. 34, l. 17), et vous vous récriez contre cette proposition. Je n'ai pu me rendre un compte exact du sens que vous lui attribuez. Je la croyais élémentaire. Il me semblait que la grâce seule et la volonté, quand elle lui correspond, peuvent faire passer l'homme du raisonnement à l'acte de foi. Si j'ai erré, je me suis trompé en très bonne compagnie. Car est-ce que l'Église n'enseigne pas que la grâce est nécessaire pour faire un acte de foi? Ce qui m'a fait écrire qu'entre la raison naturelle et la foi surnaturelle il y a un fossé que rien de naturel ne peut combler. C'est tout ce que j'ai voulu dire et tout le contexte l'établit surabondamment.

Presque tout de suite après vous dites (p. 36, l. 5): « Il est donc inexact de dire qu'on croit simplement ou uniquement parce qu'on veut croire, et surtout de dire qu'on ne peut croire autrement. » Je ne sais si c'est moi qu'ici vous voulez viser, car vous ne faites point de citation, mais je tiens à dire que je ne reconnais pas là ma pensée : j'ai toujours dit et écrit qu'il y a dans la croyance et surtout dans la foi raisonnable du chrétien un acte de volonté motivé par des lumières de la raison.

IV. — Vous citez plus loin de moi cette phrase (p. 80, l. 13) :

« Les principes communs autrefois étaient le principe de causalité, la portée métaphysique de la raison, le respect des faits historiques; la critique philosophique, d'une part, la critique historique, de l'autre, ont détruit ce terrain commun; l'incrédulité a reculé au delà de la foi, elle s'en est prise à la raison elle-même, à la raison métaphysique et spéculative. »

Ces lignes sont extraites de la page 7 de mon livre *le Catholicisme et la vie de l'esprit.*

Peut-être, après avoir lu cette citation, quelques-uns de vos lecteurs penseront-ils que je prends à mon compte ces propositions. Ils commettraient, en ce cas, une erreur contre laquelle je dois protester. La seule lecture du contexte vous permettra, Monseigneur, de voir que j'expose ici une doctrine que je combats. Et, pour s'en convaincre, il suffit de lire ces quelques lignes qui précèdent immédiatement celles que vous rappelez :

« Anémiés par le positivisme ou volatilisés par le Kantisme, nombre d'esprits se refusent à admettre « la portée métaphysique du principe de causalité... Ce n'est pas seulement la foi que nos contemporains « ont perdue, c'est aussi la raison (1). » Et ce sont ces mêmes contemporains dont je devais dire, deux pages plus loin, le mot rappelé plus haut, qu'on les doit considérer comme des « malades ».

V. — Voici, enfin, une citation que vous faites p. 84, l. 5 :

« D'après M. Fonsegrive, « la doctrine dominante des temps modernes est que : par le progrès de la « science, l'homme arrivera à asservir les forces redoutables de la nature, domptera le malheur, la mort même, « trouvera le paradis sur la terre et arrivera à l'apothéose. L'homme par sa force et par les forces brutes de « l'univers arrivera à se diviniser ». Et il affirme « qu'il y a identité entre le but final proposé à l'humanité par « le christianisme et celui que lui assigne aussi la civilisation moderne ».

Après ces textes ainsi rapprochés, il suffira, je pense, pour mettre les choses au point, de rapporter ces quatre lignes qui les suivent dans la même page de mon livre (p. 19) :

« Il n'y a qu'une différence, il est vrai qu'elle est essentielle. Là où le christianisme enseigne que nous ne pouvons pas nous diviniser par nos forces propres, que nous avons besoin, pour ce faire, de la grâce et de la bonté de Dieu, les progressistes, les naturalistes modernes assurent que nous pouvons, par nous-mêmes et par nous seuls, nous diviniser. *Il n'y a plus ici identité, mais opposition radicale, contradiction absolue.* »

(1) *Le Catholicisme et la vie et l'esprit*, p. 7.

Ce qui dit clairement, si je ne me trompe, que la doctrine dominante des temps modernes et le christianisme répondent l'une et l'autre aux mêmes aspirations, mais y tendent par des moyens absolument opposés.

Il me suffit, Monseigneur, d'avoir appelé votre attention sur ces quelques points pour être assuré que votre loyauté fera bonne justice des accusations portées contre moi.

J'en viens maintenant aux reproches que vous adressez à mes *Lettres d'un Curé de campagne*, *d'un Curé de canton*, au *Journal d'un Évêque*. Je ne reviendrai pas sur ce que j'en ai écrit dans la préface du second volume du *Journal* et qui, d'avance, répond à tout ce qui est dit dans votre brochure. Mais il me sera bien permis de constater que, si j'ai poursuivi dans la voie ouverte par les *Lettres d'un Curé de campagne*, c'est parce que j'avais reçu de Rome sur ce point, par l'intermédiaire du nonce, alors Mgr Ferrata, depuis cardinal, des encouragements exprès. Vous m'excuserez, Monseigneur, d'en rappeler ici les termes très clairs datés de Rome, 13 février 1894, et signés de cardinal Rampolla :

« Sa Sainteté a vivement agréé ce travail, non moins comme un témoignage de votre dévouement et de votre obéissance envers sa personne qu'à *cause de l'utile et important sujet* que vous avez entrepris de traiter et qui a pour but *d'exciter le clergé paroissial à prendre une attitude plus conforme aux besoins actuels du peuple français* et de mettre en pratique la direction et les enseignements pontificaux afin de promouvoir la paix religieuse et de ramener le peuple à l'amour de l'Eglise et à l'accomplissement des devoirs chrétiens.

L'Auguste Pontife vous exprime donc sa reconnaissance par mon intermédiaire et vous exhorte à *poursuivre, avec une vigueur toujours plus grande*, cette utile propagande et, pour vous servir d'encouragement à cet effet, il vous envoie de grand cœur, la bénédiction apostolique. »

Et après la publication des *Lettres d'un Curé de canton*, le 21 juin 1895, le cardinal Rampolla écrivait encore :

« Sa Sainteté est très satisfaite de l'usage que vous faites de votre talent pour le succès de la Religion, employant à d'aussi utiles écrits le temps que vous laissent libre les graves soucis de l'enseignement. En vous *exhortant à poursuivre et à promouvoir* de même façon les bons principes, elle vous remercie de votre hommage et vous accorde de tout cœur la bénédiction apostolique. »

Pour terminer enfin, j'ai la douleur de citer la page suivante de votre brochure (p. 88, l. 15) :

« Mais ce rôle (que se donne ce laïque) à un côté plus étrange encore.

Personne n'ignore que, depuis bien des années déjà, les fonctionnaires de l'Université comme les autres sont soumis au point de vue religieux à une surveillance active et parfois à des ordres sévères et à des mesures rigoureuses. Personne n'ignore que, depuis un temps déjà considérable, cette vigilance et ces mesures ont été plus sévères et plus rigoureuses encore, que tous les fonctionnaires jusqu'aux plus humbles, que leurs femmes elles-mêmes sont surveillées au point de vue de toutes leurs manifestations religieuses. Or, voici un universitaire qui, depuis bien des années et toujours avec une ardeur croissante, écrit dans les journaux catholiques, dirige une revue catholique, on pourrait dire ecclésiastique (*en quoi et par quoi?*) qu'il a fondée (*c'est inexact*), parle dans le congrès catholiques, y préside des sections, traite de toutes les questions qui concernent le clergé et de toutes les questions qui élèvent des conflits entre le gouvernement et les catholiques, fait des conférences dans les grands séminaires avec la liberté la plus complète! M. Fonsegrive pourra-t-il expliquer ce mystère? Pourrait-il communiquer son secret à tant de fonctionnaires qui, eux, bornent leurs désirs à aller librement à la messe et à envoyer leurs petites filles chez des religieuses?

Quelques-uns diront peut-être que je découvre et que je dénonce M. Fonsegrive. Ceux-là pousseraient la naïveté plus loin que tous les autres. Ils admettraient que le Gouvernement, qui surveille les femmes des douaniers et des gendarmes dans nos villages, ne sait pas ce que fait, ce que dit et ce qu'écrit M. Fonsegrive. C'est comme si on reprochait à ceux qui demandent que Nancy soit fortifié, d'apprendre à l'Etat-Major allemand qu'il n'y a pas de fortifications autour de Nancy.

D'ailleurs, si le Gouvernement imposait à M. Fonsegrive de borner son zèle à l'Université, au lieu d'enseigner les séminaristes, les prêtres, les curés et les évêques, les élèves n'y perdraient rien et nous y gagnerions beaucoup. »

Rien de plus clair sous sa forme embarrassée — et tout homme de cœur comprendra cet embarras — que l'accusation portée en ces lignes que termine un si étrange appel au bras séculier.

Si le gouvernement n'a pas sévi contre M. Fonsegrive, c'est que par une sorte de pacte tacite ou exprès, le gouvervement laisse M. Fonsegrive libre de ruiner la foi dans l'Église. Ce qui revient simplement à m'accuser de trahison.

Monseigneur, cette parole est grave. Je la relève sans irritation, mais avec la fermeté respectueuse qui convient. J'en ai souffert comme je le devais et, pour y répondre, je me contenterai de rappeler certains faits, quelque répugnance que j'aie à parler de choses qui ne regardent que moi.

En novembre 1891, j'ai été accepté comme remplaçant de M. Lévêque dans la chaire d'histoire de la philosophie ancienne au Collège de France, par l'unanimité des professeurs de cet établissement; le ministre s'est refusé à signer l'affiche et a obligé l'assemblée à changer son choix. Depuis, je n'ai eu aucune sorte d'avancement au choix. Je suis de quatrième classe tandis que tous mes collègues de mon âge et de mes services sont de première.

Il est vrai que le gouvernement m'a laissé à peu près libre, comme il laisse libre M. Brunetière. C'est que nous usons simplement des droits que la loi nous reconnait et qu'aucun règlement universitaire ne nous interdit. Nous ne sommes, Monseigneur, ni des gendarmes, ni des douaniers, pas même des militaires ou des percepteurs. Quand j'ai vu que les professeurs protestants ou libres penseurs défendaient en public toutes leurs idées, j'ai cru qu'un catholique le pouvait faire aussi bien. Et j'ai tranquillement marché de l'avant. Il n'y a pas d'autre mystère. Tous les ennemis du nom chrétien, depuis l'ex-abbé Charbonnel jusqu'à des sénateurs ou des députés, se sont vivement scandalisés de ce qu'un catholique osait se servir de la liberté. J'avais espéré, Monseigneur, que je n'aurais pas à subir, venant du côté des miens, des attaques analogues.

Il ne m'appartient pas, Monseigneur, de vous demander quoi que ce soit. Je m'adresse à vous avec la confiance qu'un chrétien doit avoir en la clairvoyance, la justice, la loyauté d'un évêque.

Daignez agréer, Monseigneur, l'hommage de mon très profond respect.

G. Fonsegrive.

PARIS. — F. LEVÉ, IMPRIMEUR DE L'ARCHEVÊCHÉ, RUE CASSETTE, 17.

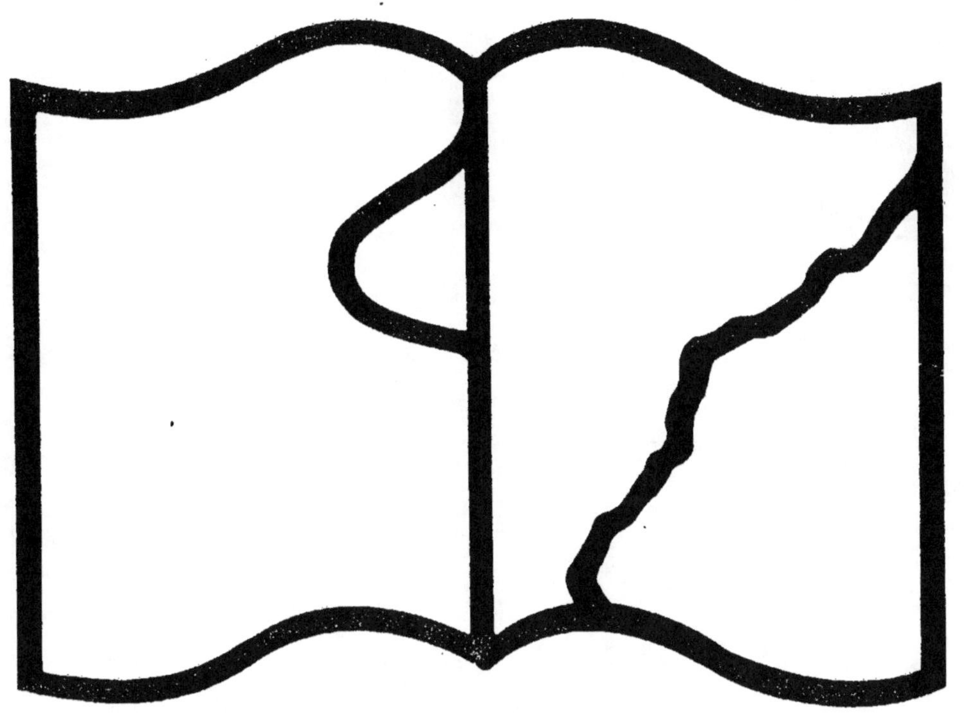

Texte détérioré — reliure défectueuse

**NF Z 43**-120-11

www.ingramcontent.com/pod-product-compliance
Lightning Source LLC
LaVergne TN
LVHW020343230826
846091LV00003B/968